힘으로 걷다
책이 만든
불편한
찬란한

찬란한 불편

힘으로 걷다 책이 만든

하오밍이 ─── 지음

섬드레

> 추천하는 말

렉스의 명랑한 실천

내가 애칭, 렉스라고 부르는 하오밍이 선생을 처음 만난 기억이 분명하지는 않다. 그는 타이완을 대표해서 전 세계 도서전을 종횡무진 누비고 있었기 때문에 아마 국제도서전이 열리는 어느 도시에서 만났을 것이다. 문학과지성사의 대표였던 나는 2017년에 대한출판문화협회의 국제담당 상무이사가 되었고, 해야 하는 일 중의 하나가 서울국제도서전을 주관하고 해외 도서전에서 한국관을 운영하는 것이었다. 문학과지성사는 그 전에 서울국제도서전에 참가한 적이 없었고 개인적으로도 가 본적이 없었다. 2016년에, 당시 대한출판문화협회 회장의 청으로 슬쩍 구경했지만 도서정가제의 영향으로 할인판매가 막히면서 출판사들의 참가도 저조했고 썰렁했다. 그 분위기를 일신해서 새로운 도서전으로 탈바꿈하는 데 많은 이들의 도움이 있었다. 특히, 앞서서 타이베이국제도서전을 만들고 이끌어 온 렉스의 경험과 지혜를 어깨 넘어 본 것이 큰 도움이 되었다. 이제 서울국제도서전과 타이베이국제도서전은 아시아를 대표하는 도서전으로 자리 잡아 선한 영향력을 주고받고 있다.

렉스와 주로 영어로 이야기를 나누지만, 사실 그는 한국어를 잊지 않고 있다. 한국에서 태어난 화교라 한국에서도 이방인의 위치에 있었을 것이고, 대만에 가서도 한국 출신이라는 이유로 주변인의 위치에 있었을 것이다. 뿐만 아니다. 렉스는 어린 시절 소아마비를 앓아 휠체어를 탄다. 이런 이중의 굴레를 지고 있지만, 그만큼 세상에 대해 호기심이 많고 적극적으로, 그리고 긍정적으로 자신을 표현하는 사람은 드물다. 호기심이 생기면 자세히 알아보고 그것이 자신에게 필요하면 스스로에게 끌고 가서 사용한다. 이 책에는 그런 태도가 만들어낸 수많은 모험이 담겨 있다. 내가 추측컨대, 이런 모험 이야기를 책으로 쓴 가장 큰 이유는 그의 열정이 그리고 경험이 젊은이들에게 가서 닿기를 진심으로 바라기 때문일 것이다. 그 진심이, 경제적으로 그리고 사상적으로 어려움에 빠져 있는 젊은

이들을 미래로 움직일 것이라고 믿는다.

  디아스포라의 일원으로 살았지만, 남들보다 불편하게 걸어야 하지만, 우울한 명상이 아니라 명랑한 실천으로, 인생의 온갖 프로젝트에 최선을 다한 렉스가 늘 부럽다. "내 인생, 멋지구나!(Bravo My Life!)" 외칠 수 있는 사람이 얼마나 되겠는가? 그리고 그 자신감으로 독자들에게 이야기를 건넨다. "너도, 멋지게 살 수 있어!"

  렉스가 연초에 세부에서 스쿠버다이빙을 했던 경험을 기록한 글을 보면서 마음이 뭉클했다. 허리에 무리를 하면 안 되는 상황이지만, 그 테두리 안에서 최선을 다해서 새로운 영역을 개척한다. 두 손, 두 발 다 들었다. 항복. 이 책의 이야기들은 한국에서 첫 선을 보인다. 렉스의 고향, 한국에서 많은 독자들을 만나, 그들에게 큰 힘을 주기를 진심으로 바란다. 그 이야기들이 국경을 넘어 더 많은 젊은이들에게 닿기를 바란다. 진정으로 모험을 즐긴 사내의 진심이 이 책에 담겨 있다.

주일우 (서울국제도서전 대표, 과학잡지《에피》발행인)

| 들어가는 말

내 마음속에는 여전히 18세 소년이 살고 있다

  2025년 1월, 나는 세부에서 스쿠버다이빙을 했다.

  페이스북에 사진을 올린 후 많은 사람들이 놀라워하며 영감을 받았다고 했다. 올해로 내가 예순아홉이고, 어릴 때부터 소아마비를 앓았기 때문일 것이다. 하지만 그 반응은 나에게 그리 놀랍지 않았다. 왜냐하면 그것은 단지 내 인생에서 또 하나의 새로운 도전일 뿐이었기 때문이다.

  나는 부산에서 태어난 산둥 화교다. 스쿠버다이빙보다 더 큰 모험은, 고등학교를 졸업한 후 목발을 짚고 한국에서 타이완으로 유학을 떠나 그곳에서 삶을 개척한 일이다.

  지난 50년 동안 나는 출판업계에서 편집자와 출판인으로 일해왔다. 또한 작가로서 그림책과 만화의 시나리오를 쓰고, 에세이와 소설을 창작했다. 정치 사회적 이슈에도 행동했을 뿐 아니라 《금강경》과 서양의 '생명 수비학'에 관한 책도 집필했다.

다른 사람들의 눈에 나는 이미 일흔 살에 가까운 노인일지 모른다. 여러 역할을 하면서 어느 정도의 사회적 지위와 성취를 이루었다고 생각할 수도 있다. 그러나 내 마음속에는 여전히 18세 소년이 살고 있다. 세상에 대한 호기심과 자신의 꿈을 품은 소년 말이다. 내가 살아오면서 했던 모든 일은 거의 호기심에서 비롯되었다. 나는 외부 세계에 대한 호기심뿐 아니라 내면 세계에 대한 호기심도 가지고 있다. 나는 내가 어떤 사람인지, 그리고 내 안에 어떤 가능성이 숨어 있는지 알고 싶었다. 하지만 모든 일에는 장점과 약점이 있듯이 나의 이러한 삶의 태도와 시각에도 약점이 있다.

사실, 세부에서 다이빙을 하기 약 6개월 전 나는 8년간의 자기 탐구 여행을 막 마친 상태였다. 그 과정에서 슬럼프와 어둠의 터널에 빠지기도 했지만 결국 나는 그 탐구의 의미를 깨닫게 되었다. 스쿠버다이빙은 나 자신에게 주는 일종의 격려와 축하의 선물이었다.

나는 이렇게 인생의 새로운 장을 맞이할 수 있어서 다행이라고 생각한다. 이 책을 쓰는 이유는 지금까지 나를 지탱해온 힘을 정리하고, 그것을 독자들과 나누기 위해서다. 그리고 이러한 힘을 느끼게 해준 분들에게 감사의 마음을 전하고 싶어서다.

특히, 이 글을 한국 독자분들과 나누고 싶다. 비록 한국 독자들이 나를 모르더라도, 내 인생의 첫 번째 단계였던 18세 이전까지의 시간 동안 한국은 나에게 많은 영양분과 영감을 주었다. 이제 인생 후반기에 일어난 일들을 한국 독자들에게 들려줄 기회가 생겼고, 그 경험과 깨달음을 나눌 수 있어 나는 너무나 기쁘다. 물론, 한국에게도 감사드린다.

자, 이제 이야기를 시작해 보겠다.

| 차례

추천하는 말 · 4
들어가는 말 · 7

1부 이야기의 힘 · 14

부산 · 16
이야기 읽기의 시작 · 20
이야기 쓰기 · 23
이야기 들려주기 · 28
5학년 때 또 한 가지 일 · 32
광복군의 후예 지복영 선생님 · 34
둥베이에서 자란 어린 소녀 · 39
친구 · 44
내 목발 · 49
등산과 곡예 · 53
바둑알은 보검 · 57
소리의 세계 · 61
물고기를 잡는 아이 · 65

2부 꿈과 사랑의 힘 · 68

때가 되면 해결된다는 믿음 · 70

어둠이 내게 남긴 각인 · 72

수학과에서 경영학과로 · 75

퇴학 위기에서 벗어나 · 78

황당한 시절과 배수진 · 84

믿기 어려운 행운 · 88

한 방랑자의 이야기 · 93

일 중독자의 진짜 모습 · 97

마침내 아버지를 이해하다 · 102

비로소 어머니를 떠올리다 · 110

러셀이 내게 들려준 말 · 114

그리움의 의미 · 117

3부 호기심과 조합의 힘 · 120

공기마저 떨리던 순간 · 122

지 선생님과의 재회 · 127

모든 일은 '조합'이다 · 131

왜 인간은 이동해야 하는가 · 133
수정 구슬과 야명주 · 136
도서전과 맺은 인연 · 138
내가 아는 한 사람, 피터 · 142
내가 아는 또 다른 피터 · 146
큰 것, 매운 것, 역사 깊은 것 · 151
예기치 못했던 국정 고문 · 161
나의 생명 수와 3, 6, 9 · 169
블랙홀에 빠지다 · 172

4부 믿음의 힘 · 174

두 번의 결혼 실패 · 176
두 가지 에너지가 준 혼란 · 178
자기혐오 · 181
한 번의 신비한 체험 · 184
선칠의 의미 · 189
《금강경》과 불법 · 194
삼심에 쓰러지다 · 197

3, 6, 9를 다시 발견하다 · 200

어린 시절로 돌아가다 · 205

믿음은 꼭 어둠에서 빛으로 나아가게 하지는 않는다 · 207

5부 상묘유희의 힘 · 210

여자의 눈물 · 212

육지 시대와 해양 시대 · 231

자신의 바다 · 237

종이책의 자리와 힘 · 252

상묘유희 · 257

장애로부터 받은 축복 · 261

맺는 말 · 270

1부 이야기의 힘

부산

북풍이 세차게 몰아치던 밤,
우리는 모두 집 안에서 꼼짝도 못한 채 숨죽이고 있었다.
마당에서는 누군가 큰 소리로 떠들고 있었다.
그가 하는 말, 웃음소리, 온갖 욕과 험한 말은
바람을 타고 너무나도 또렷이 들려왔다.
그렇게 밤새도록 울리던 소리는 날이 밝아오자 마침내 멈췄다.
그리고 우리는 날카로운 비명이 울려 퍼지는 소리를 들었다.
그 순간 마당에서는 쨍그랑쨍그랑 요란한 소리가 났고,
식구들이 모두 집 밖으로 뛰쳐나오며 소리를 질렀다.
"잡아라! 죽여라!"
나는 한참을 머뭇거리다 조심스레 밖으로 나갔다.
식구들 틈 사이로 보이는 깨진 항아리 옆에
새하얀 족제비 한 마리가 죽어 있었다!
"마침내 이 요괴를 없앴구나!"
네 외할아버지가 나를 보며 말씀하셨다.
"이제 네 셋째 올케가 무사할 거다."

이 이야기를 내게 들려준 사람은 어머니였다.

어머니는 자신의 어린 시절, 산둥의 고향에서 있었던 일을 이야기해 주었다. 그해 셋째 외숙모가 갑자기 귀신에 씌었다. 무당을 불러왔지만 그의 힘은 요괴가 집 안으로 들어오지 못하게 하는 데에 그칠 뿐 요괴를 완전히 제거하거나 쫓아낼 수는 없었다. 그 요괴는 사람의 형상을 하고 매일 밤 마당으로 나와서 항아리 위에 앉아 하늘을 향해 욕설을 퍼부었다. 온 가족을 차례로 저주하며 밤마다 집안을 공포에 빠뜨렸다.

그러던 어느 날 외할아버지는 한 가지 계책을 떠올렸다. 마당의 항아리들에 모두 끈끈이를 발라두는 것이었다. 그날 밤도 요괴는 평소처럼 마당으로 와 온갖 욕설을 퍼부었다. 그러나 날이 밝아 떠나려는 순간 자신의 엉덩이가 항아리에 붙어 움직이지 않는다는 사실을 깨달았다. 그때 외할아버지는 얼른 식구들을 깨웠고, 모두 마당으로 뛰쳐나와 요괴를 사정없이 내리쳤다. 그 정체는 바로 족제비, 우리가 요괴로 불렀던 그놈이었다.

어머니가 이 이야기를 들려주던 날도 창문 밖에서 찬 바람이 세차게 휘몰아치는 한겨울 밤이었다. 아마도 세 살이나 네 살 즈음이었을 나는, 어머니의 품속을 파고들며 이불 속에 꼭 꼭 숨어 겁에 질린 몸을 한 번도 움직이지 못한 채 이야기를 들었다. 그런데 내가 이 이야기를 들은 곳은 산둥이 아니었다. 한국, 바로 부산에서였다.

부모님은 1949년 이후 산둥을 떠나 한국에 오셨다. 아버지는 무역업으로 홍콩과 일본을 오가며 사업을 했고, 꽤 성공하셨다. 그러다 한국전쟁 이후 서울을 떠나 부산에 정착하셨다.

부산역 앞에는 청관 골목 [淸官胡同, 칭관 후퉁]이 있었는데, 오늘날의 부산 차이나타운에 해당하는 곳이다. 우리 화교들은 이곳을 '앞거리[前街, 첸제]'라고 불렀다. 이 골목은 길이가 불과 몇 백 미터에 지나지 않았고, 그중에서도 가장 붐비는 구간은 절반 정도였다. 길 양쪽에는 더우장[豆漿, 두유]과 유탸오[油條, 꽈배기]를 파는 가게, 자장면과 베이징요리 전문점, 한의원, 남북 잡화점, 문구 겸 대여 서점으로 가득했다. 부산에 사는 화교들은 물론 경상남도와 다른 지역에 흩어져 살던 화교들도 생필품을 사기 위해 이곳을 자주 찾았고, 그 덕분에 이 좁은 골목은 언제나 북적였다. 게다가 가끔 작은 트럭이 경적을 울리며 지나가면 골목은 한층 더 떠들썩한 분위기가 되었다.

나는 청관 골목 위쪽에 있는 초량 뒷길에서 태어났다. 내가 한 살이 막 지나 걸음마를 배울 무렵 갑자기 고열이 나더니 두 다리를 못쓰게 되었다. 소아마비에 걸린 것이다. 그리고 얼마 지나지 않아 아버지의 사업이 망하면서 모든 재산을 잃게 되었다. 하지만 다행히도 아버지는 작은 마당이 있는 집 한 채를 남겨두었고, 그 집 덕분에 우리 가족은 월세를 받으며 겨우 생활을 이어갈 수 있었다. 집은 비록 크지 않았지만 안채와 바깥채를 구분할 수 있는 작은 마당이 있었다. 그 공간은 나의 어린 시절과 청소년기의 기억을 여러 층으로 쌓이게 해주었다. 봄이 되면 나는 현관 바닥에 엎드려 마당 너머 저 멀리 전봇대와 집들을 바라보았다. 그 너머로 펼쳐진 산과 흰 구름의 풍경은 아직까지도 내 기억 속에 생생히 살아 있다.

내 주변 이웃들은 모두 한국인이었다. 나는 밖에서 친구들과 뛰어놀 수 없었기 때문에 세 살 어린 여동생과 놀아야 했다. 그래서였을까? 나는 어머니에게 이야기 듣는 것을 아주아주 좋아했다. 어머니가 많은 이야기를 해주었겠지만 그중에서도 내 기억 속에 가장 선명하게 남아 있는 것이 바로 '족제비 요괴' 이야기다.

내가 늘 이야기해달라고 졸랐기 때문에 어머니는 나를 위해 한 가지 기발한 방법을 생각해내셨다. 바로 나만을 위한 전속 이야기꾼을 찾아준 것이다. 어머니가 나의 어린 시절을 보호하는 가장 든든한 그물망이었다면, 나의 이야기꾼은 그 그물망에 가장 아름다운 창을 열어준 사람이었다. 그 이야기꾼의 이름은 환성環生. 나보다 여섯 살 많았다.

이야기 읽기의 시작

환성이 나의 이야기꾼이 될 수 있었던 이유는 그의 집이 청관 골목에서 '덕취화(德聚和)'라는 가게를 운영하고 있었기 때문이다. 덕취화는 두 가지 사업을 하고 있었다. 길가 2층 건물의 1층은 남북 잡화(중국 식료품과 생활용품) 도매 및 소매점으로 많은 사람들이 드나들었다. 반면 2층은 화교 전용 도박장으로 다양한 사람들이—때로는 위험한 사람들도—섞여 있었다.

환성은 어릴 때부터 다양한 부류의 어른들을 보며 자랐기 때문에 수많은 이야기를 알고 있었다. 우리 집과 환성의 집은 먼 친척 관계였고, 어머니는 머리가 비상하고 말재주가 뛰어난 환성을 보고 나의 '이야기책'이 되어 달라고 부탁했다. 환성이 내게 들려준 이야기 중에서 지금까지도 기억에 남아 있는 두 가지 이야기가 있다.

하나는 비도왕(飛刀王)의 이야기였다. 비도왕은 중국 음식점에서 일하는 왕씨 성을 가진 요리사였다. 그의 칼 솜씨는 너무나도 빨라 자신의 허벅지 위에서 고기를 썰어도 다치지 않았다고 한다.

다른 하나는 총잡이 이야기였다. 환성은 나에게 이런 질문을 던졌다.

두 명의 전설적인 총잡이가 있다.
한 사람은 세상에서 가장 빠르게 총을 뽑지만
조준하는 속도가 상대보다 1초 느리다.
또 한 사람은 세상에서 가장 빠르게 조준하지만
총을 뽑는 속도가 상대보다 1초 느리다.
이 두 사람이 결투를 한다면, 누가 이길까?

이 질문은 오랜 시간이 지나도 내가 다른 사람들에게 자주 내는 수수께끼가 되었다.

그러나 환성이 내게 끼친 가장 큰 영향은 무협 소설을 알게 해준 것이었다. 환성은 어른들에게 들은 기묘한 무공, 협객들의 의로운 모험담을 생동감 넘치게 전해주었고, 나는 그 이야기들에 완전히 빠져들었다. 매일 환성이 우리 집에 와서 이야기해주기를 손꼽아 기다렸고, 환성이 들려주는 무협 소설 이야기는 내 하루 중 가장 큰 기대이자 기쁨이었다.

내가 초등학교 1학년이 되던 해 환성은 중학교에 진학했다. 환성은 농구를 시작했고, 학교 대표팀에 들어가면서 더 흥미로운 바깥세상을 경험하게 되었다. 그 결과 우리 집에 와서 이야기해주는 횟수는 점점 줄어들었다. 나는 여전히 하루 종일 환성이 와서 이야기를 해주길 기다렸지만 결국 환성을 다시 보기는 어려워졌다. 그래서 나는 스스로 이야기를 찾기로 결심했다.

환성에게서 너무나도 많은 이야기들을 들어왔던 덕분에 그 당시 아이들이 읽던 일반적인 동화책은 나를 만족시킬 수 없었다. 초등학교 2학년 때 어머니를 졸라 처음으로 무협 소설을 빌려 보았다. 물론 그때는 한자를 많이 알지 못했기에 소설을 제대로 읽을 수는 없었다. 하지만 닥치는 대로 읽고, 단어를 해석하고, 꾸역꾸역 의미를 이해하며 무협 소설을 탐독하기 시작했다. 처음 빌려 읽은 무협 소설의 제목은 내가 평생 처음 배운 한자 숙어가 되었다. 그 소설은 《시정화의(詩情畫意)》였다. 이 작품의 작가 바이딩白丁 덕분에 나는 이후 또 하나의 성어 '왕래무백정(往來無白丁)'도 배우게 되었다.

이렇게 해서 나는 초등학교 4학년 때까지 주변에 또래 친구가 거의 없는 상태에서 완전히 독서의 세계에 빠져들었다. 내 독서 목록에는 무협 소설, 추리 소설, 연애 소설 그리고 《서유기》《홍루몽》《삼국지》《수호전》 같은 고전 명작도 포함되었다. 그때 이미 내게는 평생을 함께할 독서 습관이 자리 잡혔다.

그리고 마침내 우리 동네에도 나와 같은 또래 아이들이 생겼고, 나는 비로소 바깥세상에 나가 활동하게 되었다.

이야기 쓰기

읽기와 쓰기는 동전의 양면과도 같다. 나는 정말 운이 좋은 아이였다. 읽기의 길을 걷기 시작한 지 단 1년 만에 글 쓰는 길도 함께 걷기 시작했으니 말이다. 내가 초등학교 3학년 때의 일이었다.

우리 집이 있던 초량 뒷길에서 가파른 흙길을 따라 내려가면 학교가 나온다. 내가 다닌 초등학교는 부산화교소학교였다. 사실 나는 학교에 다니지 못할 뻔했다. 소아마비를 앓았던 탓에 학교 측에서 등하교와 수업을 듣는 데 어려움이 있을 거라며 나를 걱정했고, 한때 나의 입학을 거부하기도 했다. 부모님은 교과서를 받아와 집에서 나를 독학시키려 했지만 몇 달간의 시도 끝에 '이건 안 되겠다' 싶어 교장 선생님을 다시 찾아가 간곡히 부탁드렸다. 결국 나는 교장 선생님의 특별 허가를 받아 초등학교 1학년 2학기 때 정식으로 입학할 수 있었다.

나의 초등학교 기억 속 풍경은 검거나 회색빛이 감도는 장면들이 많다. 학교 건물 자체도 어두운 색감이었고, 나무 벽에는 검은 아스팔트 같은 끈적한 얼룩이 여기저기 묻어 있었다. 우리 교실 뒤편에는 좁은 통로가 하나 있었는데 그 끝에는 관(棺)이 들어있는 방이 있다고 소문이 돌았다. 그래서인지 그 공간을 떠올릴 때마다 기억 속 색채는 더욱더 어둡고 음침한 분위기가 되었다.

처음에 나는 학급에서 중간 정도의 성적을 유지했다. 그리고 성적표에는 항상 똑같은 평가가 적혔다.

부주의하고 덤벙거림.

하지만 초등학교 3학년 때 특별한 선생님을 만났다. 선생님 성함은 허우창란侯長蘭이셨고, 우리 3학년 담임을 맡으셨는데 키가 크고 매우 아름다운 분이셨다. 그해 다른 기억은 희미하지만 절대로 잊을 수 없는 한 가지 일이 있다. 바로 1년 내내 나에게만 주어진 특별한 숙제였다.

매일 한 편의 작문이나 일기를 써서 제출할 것!

그 숙제는 우리 반에서 오직 나에게만 주어진 과제였다. 매일 한 편의 글을 쓴다는 것은 초등학교 3학년 아이에게 엄청난 부담이었다. 얼마 지나지 않아 더 이상 쓸 거리가 없었다. 그렇다고 "오늘은 아무 일도 없었다."라고 두세 줄 적어 제출할 수도 없었다. 다행히도 나는 한 가지 해결책을 생각해냈다.

집에서 아버지의 책 한 권을 발견했는데, 책장은 누렇게 변색되어 있었고 활자는 가로로 배열되어 있었다. 그 책은 다양한 주제별 글 모음집이었다. 봄 여름 가을 겨울의 계절 변화부터 인생의 희로애락, 서정적 산문, 논설문, 인물 묘사, 산수·꽃·풀을 다룬 글까지 온갖 종류의 글이 실려 있었다. 그리고 각 글의 끝부분에는 괄호 속에 사람 이름이 적혀 있었다. 나는 그 책에서 매일 한 가지 주제를 골라 조금씩 표현을 바꿔가며 '베껴 쓰기'를 시작했다. 그 책은 나에게 비밀 병기와도 같았다. 그 덕분에 나는 1년 동안 그 숙제를 무사히 해낼 수 있었다. 그리고 3학년이 끝나갈 무렵 후 선생님은 나에게 상을 주셨다. 그것은 바로 《십만 개의 왜?[十萬個爲什麼?]》라는 책이었다.

당시 학급에서 성적이 가장 좋은 학생이 내가 상을 받은 것을 보고 선생님께 물었다.

"선생님, 왜 저 친구가 상을 받는 거죠?"

그러자 선생님은 이렇게 답하셨다.

"하오밍이는 1년 동안 매일 일기를 썼어. 그리고 그 글들은 아주 훌륭했단다."

✦

"당신 인생에서 가장 큰 영향을 준 책이 무엇입니까?"

나는 살아오면서 이런 질문을 많이 받았지만 사실 그 질문에 답하는 것은 쉽지 않았다. 왜냐하면 모든 책이 저마다의 역할이 있고 나름의 영향을 주기 때문에 단 하나의 책을 '최고'라고 꼽는 것은 너무나 어려운 일이라고 생각했다. 40대가 되어 과거를 돌아보던 어느 날, 초등학교 3학년 때를 떠올리다가 한 가지 확신이 들었다. 그때 내가 1년간 베껴 썼던 그 책이야말로 내 인생에서 가장 큰 영향을 준 책이었다. 그것은 마법 같은 책이었다.

나는 지금도 그 책의 제목을 기억하지 못한다. 그러나 세월이 흐르면서 나는 그 책 속 괄호 안에 적혀 있던 이름들이 무엇을 의미하는지 점차 알게 되었다. 루쉰魯迅, 빙신冰心, 린위탕林語堂, 저우수런周樹人, 후스胡適…… 그들은 모두 중국 백화문운동과 현대문학사에서 중요한 자취를 남긴 인물들이었다. 나는 초등학교 3학년 때 그들의 문장을 따라 쓰며 글쓰기의 첫걸음을 내디뎠던 것이다. 그것은 정말 행운이었다.

그런데 나의 행운은 그것으로 끝나지 않았다. 내가 베껴 썼던 그 책의 뒷표지에는 출판사 로고가 인쇄되어 있었는데, 그 로고가 1897년에 설립된 '상우인서관[商務印書館]'의 것이라는 사실을 나중에 알게 되었다. 상우인서관은 중국 최초의 출판사로 근대 문화와 역사에 깊은 영향을 끼친 곳이다. 1949년 이후 다섯 개 회사로 분리되었고, 나는 그중 하나인 '타이완상우인서관'에서 100주년 기념일을 맞이한 해에 사장 겸 편집장이 되었다.

이야기 들려주기

이야기를 읽고 쓰는 것에 이어 나는 이야기를 들려주기 시작했다.

초등학교 4학년 때 비로소 내게 또래 친구들이 생겼다. 그해 두 화교 가정이 대구에서 우리 집 근처로 이사왔다. 그들 중 두 명은 나와 같은 반, 한 명은 한 학년 아래였다. 그때부터 방과 후에는 우리 집 문 앞에서 내 이름을 부르며 놀자는 친구들이 생겼다. 이 두 친구는 나를 다른 아이들과 연결해주는 다리가 되었다. 덕분에 나는 점차 밖으로 나가 골목에서 아이들과 함께 숨바꼭질 같은 놀이를 하게 되었다. 나는 달리기를 못했기 때문에 항상 가장 숨기 좋은 곳을 찾아 아무도 나를 찾지 못할 때까지 숨어 있었다. 그러다가 아이들이 "너는 그냥 나와도 돼!"라고 해줄 때만 살며시 나와 자수하곤 했다.

내가 친구들과 가장 잘 어울릴 수 있었던 놀이는 바로 이야기 들려주기였다. 아이들은 내가 소설을 많이 읽는다는 것을 알고 있었기 때문에 나에게 자주 '이야기를 들려달라'고 졸랐다. 당시 초량동에는 '천보극장(天寶劇場)'이 있었는데 그 극장의 뒷문에는 계단이 있었고, 나는 자주 그 계단 위쪽에 올라가 이야기꾼이 되었다. 그러면 계단 위아래로 수많은 아이들이 앉아 내가 들려주는 이야기를 들었다. 그 모습이 꽤 유명해졌는지 어느 날 우연히 나를 소개하는 선생님의 말을 듣고 깜짝 놀랐다.

"저 아이가 바로 《삼국지》를 이야기하는 아이야."

그러나 내가 진정으로 사람들 앞에 서서 이야기하게 된 것은 초등학교 5학년 때 일이다.

그 시절 우리 학교에서는 매주 '말하기' 수업이 있었다. 이 수업은 학생들이 이야기하는 연습을 하는 시간이기 때문에 한 명씩 앞에 나가 이야기를 하고, 자신의 생각을 표현하는 연습을 했다. 어느 날 말하기 수업의 담당 선생님이 결근하셔서 교장 선생님이 수업을 대신 맡게 되었다. 그 교장 선생님은 바로 내가 초등학교 1학년 2학기에 입학할 수 있도록 특별 허가를 해주셨던 분이었다. 나는 그분의 성함을 지금까지도 잊지 않고 있다. 류천즈劉忱之.

평소 말하기 수업이 있을 때 다른 학생들은 모두 교실 앞 강단으로 나가서 발표했다. 하지만 나는 서 있는 것이 불편했기 때문에 항상 자리에서 앉아서 이야기했다. 나는 온갖 책을 읽었고 아이들은 내 이야기 듣기를 좋아했다. 그날도 나는 아주 재미있다고 생각한 이야기 하나를 준비했다. 교장 선생님은 교실 맨 뒤에서 학생들의 발표를 조용히 듣고 계셨다. 내 차례가 되자 나는 자리에 앉은 채로 발표하려고 했다. 그때 교장 선생님의 차가운 목소리가 교실 뒤에서 들려왔다.

"앞으로 나가서 이야기해라. 이야기를 들려줄 때는 앞에 서서 말해야 한다."

앞에 나가라고? 모두 보는 앞에서 이야기하라고? 그 순간 청천벽력같이 아찔했다. 하지만 어쩔 수 없이 나는 생애 처음으로 목발을 짚고 교실 앞으로 나섰다. 눈앞에는 수많은 친구들이 신기하고 호기심 가득한 눈빛으로 나를 바라보고 있었다. 나는 얼굴이 붉어졌고 목소리도 떨렸다. 더듬거리며 이야기를 시작했다. 자리에 앉아 이야기할 때의 편안함은 온데간데없이 사라졌다. 나는 빨리 이야기를 끝내고 싶었다. 그런데 이야기는 끝날 기미가 보이지 않았다. 그렇게 이야기하는 동안 점심시간을 알리는 종이 울렸다. 나는 이야기를 멈추고 뒤에 앉아 계신 교장 선생님을 바라보았다. 아이들도 모두 뒤를 돌아 교장 선생님을 쳐다보았다. 하지만 교장 선생님은 단호하게 한마디 하셨다.

"계속해!"

나는 이야기를 계속 할 수밖에 없었다. 점심시간이 되어 옆 반 학생들이 시끌벅적하게 교실 앞을 지나가다가 우리가 아직 수업 중인 것을 보고 호기심에 창밖으로 몰려들었다. 창문 너머로 수많은 얼굴들이 내 모습을 지켜보았다.

이야기는 끝이 나질 않았다. 나는 견딜 수 없이 긴장했고 눈물이 와르르 흘러내렸다. 그럼에도 교장 선생님은 여전히 표정을 바꾸지 않고 나를 지켜보았다. 나는 계속 이야기했고 눈물은 멈추지 않았고 결국 엉엉 울기 시작했다. 이런 상황에서도 교장 선생님은 어떤 말씀도 하지 않으셨다. 나는 눈물을 흘리며 코를 훌쩍거리고 온몸을 떨면서 마침내 이야기를 끝마쳤다. 그리고 수업이 끝났다.

그날 이후 나는 사람들 앞에 서서 이야기하는 것에 대한 두려움을 완전히 극복했다. 교장 선생님은 우리에게 직접 수업을 가르친 적이 없었다. 그래서 교장 선생님과 개인적인 접촉이 없었다. 나는 지금까지도 궁금하다. 교장 선생님은 왜 딱 한 번의 수업에서 나를 그토록 혹독하게 훈련시켰을까? 그 이유는 알 수 없지만 나는 그것에 영원히 감사하며 살아가고 있다.

5학년 때 또 한 가지 일

5학년 때 또 하나의 행운이 있었다.

내 학업 성적은 몇 년 동안 항상 중간 수준이었다. 그런데 5학년 때 무슨 이유에서인지 갑자기 공부에 감이 잡혔다. 첫 월례고사에서 처음으로 1등을 한 후 성적이 쭉 상위권에 들었다.

5학년이 되면서 친구들이 더 많아졌다. 나는 '작은 선생님' 같은 존재가 되었고, 방과 후에 우리 집에서 함께 숙제를 하거나 숙제를 베끼려는 친구들이 많아졌다. 한편, 친구들이 점점 키가 크고 힘이 세져서 이제 나를 업을 수 있게 되었다. 덕분에 내가 이동할 때 친구들이 도와주었고, 그 과정에서 본의 아니게 서로 이익을 공유할 수 있는 상황이 되었다.

나는 학교 화장실을 사용할 수 없었기 때문에 선생님께 특별 허가를 받아 집으로 가서 변기를 이용했다. 집에 다녀오는 길에는 4명의 친구를 선택할 수 있었는데 보통 한 명은 나를 업고, 한 명은 옆에서 도와주며, 나머지 두 명은 각각 내 목발을 하나씩 들고 갔다. 이렇게 네 명이 함께 이동하는 모습은 꽤나 거창했고, 나에게 편한 일이었지만 친구들에게도 잠시 교실을 벗어날 수 있는 좋은 핑계거리가 되었다. 그래서 내가 언제 집에 가서 용변을 볼 것인가는 모두의 이익과 관련된 공공 사안이 되었고, 누가 나를 따라갈 것인가는 일종의 혜택인 셈이었다. 물론 가끔 예상치 못한 실수가 터지는 경우도 있었다.

한 번은 내가 아직 선생님께 보고도 하지 않았는데 너무 성급한 친구가 먼저 손을 들고 외쳤다.

"선생님! 하오밍이가 똥 싼대요!"

그 순간 교실은 웃음바다가 되었다.

하지만 초등학교를 졸업하기 전까지 내가 친구들과 함께 돌아다닐 수 있었던 공간은 학교와 집 주변이 전부였다. 조금 더 멀리 간 기억을 떠올리자면 딱 한 번 초등학교 6학년 때 '누나 같은 반장'이 우리를 이끌고 어딘가로 데려간 경험이 있다. 그곳은 태양이 강하게 내리쬐고 바닥에는 모래가 가득한 곳이었다. 우리는 거기서 서커스 공연을 관람했다. 그것이 내가 경험한 가장 먼 여행이었다. 이런 또래 친구들과의 교류 덕분에 나는 심리적으로 안정되었고, 준비된 상태에서 중학교에 입학할 수 있었다.

부산화교중학교는 내가 다녔던 화교초등학교에서 100여 미터 정도밖에 떨어지지 않은 곳이었다. 하지만 어린 시절의 나에게는 그 거리가 아득히 먼 세계처럼 느껴졌다. 당시 내 눈에 중학교는 마치 하나의 거대한 산과 같았다. 멀리서 보면 중학생들이 계단을 올라 교실로 향하는 모습은 마치 거인들이 산을 오르는 것처럼 보였다. 그리고 1968년, 나는 그 '거대한 산' 속으로 들어갔다.

광복군 후예 지복영 선생님

부산화교중학교의 학생 수는 현재 100여 명에 불과하지만 내가 중학교에 입학하던 당시에는 1,000명이 넘는 학생들이 다녔다. 부산뿐 아니라 다른 지역에서도 이 학교에 입학하고 싶어하는 학생들이 많았다. 두 가지 이유가 있었는데, 첫째는 당시 한국에 거주하는 화교 인구가 3만 명 이상으로 많았고,

둘째는 당시 화교중학교의 교장이었던 자오즈원趙志文 선생님의 학교 운영 능력이 뛰어났기 때문이었다.

자오 교장 선생님은 타이완에서 초빙한 교육자였다. 키가 크지 않고 마른 체격이었는데 좀처럼 웃지 않았다. 그리고 우리가 사용하는 산둥 방언과는 전혀 다른 표준 국어를 구사했기 때문에 사람들에게 다가가기 어려운 인상을 주었다. 하지만 학교 운영 능력은 매우 뛰어났다. 부산화교중학교는 그의 재임 기간 동안 최대 규모로 성장했다. 내가 중학교에 입학하던 해에는 너무 많은 학생들이 합격하여 중학교 1학년이 충(忠), 효(孝), 인(仁), 애(愛) 네 개 반으로 나뉘었고, 각 반에는 50명의 학생이 배정되었다. 이것은 학교 역사상 기록적인 일이었다.

그해 가을 나는 어머니의 부축을 받으며 천천히 부산화교중학교 교문에 들어섰다. 눈앞에는 높이 솟은 학교 건물, 학생들의 소란스러운 목소리로 가득 찬 넓은 운동장이 펼쳐졌다. 이곳은 마치 또 다른 세계처럼 느껴졌다.

학교 건물에 들어섰을 때 선생님 한 분이 유난히 눈에 띄었다. 그녀는 키가 작고 짧은 머리에 커다란 안경을 쓴 채 온화한 미소를 띠고 있었다. 그분이 바로 나의 중학교 1, 2학년 담임이셨던 지복영(池復榮) 선생님이었다. 지 선생님은 화교가 아니었지만 유창한 중국어를 구사했다. 선생님은 어린 시절 중국 둥베이 지역에서 성장했고, 이후 베이징에서 공부했으며, 가족과 함께 중국 각지를 떠돌며 생활하다가 한국이 독립한 후 귀국했다. 그리고 한국전쟁 이후 부산에 정착하게 되었다.

지 선생님은 나의 담임 선생님이었을 뿐만 아니라 우리에게 한국어도 가르쳤다. 하지만 내가 선생님에게서 배운 가장 중요한 두 가지 교훈은 다른 것이었다.

첫 번째는 한 번의 주간 회의(주회) 시간에서 배운 것이었다. 우리 학교에서는 매주 화요일 오후 마지막 수업이 담임 선생님이 진행하는 '주회' 시간이었다. 그날 저녁 석양이 교실 창문을 통해 환하게 들어와 온 교실을 빛으로 가득 채우고 있었다. 우리는 회의 진행 연습을 하고 있었고 나도 한 가지 안건을 제안해 이제 투표를 진행할 차례였다. 그러나 내 안건을 찬성하는 사람이 단 한 명도 없었다. 나는 순간 당황해서 민망한 마음에 "그냥 없던 걸로 하자. 나도 투표하지 않겠다."라고 말했다. 그때 교실 맨 뒤에서 지 선생님의 차분한 목소리가 들려왔다.

"하오밍이, 그냥 포기할 수는 없어. 비록 아무도 네 안건에 찬성하지 않더라도 너 스스로는 반드시 찬성표를 던져야 해. 왜냐하면 이것은 너의 안건이니까."

나는 얼굴이 화끈 달아올랐고, 부끄러움에 손을 들고 스스로 한 표를 던졌다. 그 한 표는 교실에서 유일한 찬성표였다. 그때 내가 어떤 안건을 제안했는지조차 지금은 전혀 기억나지 않는다. 그러나 그날의 그 한 표는 내 인생에서 가장 깊은 영향을 미친 순간 중 하나였다. 그 후 내가 학업에서든 사회생활에서든 누군가 "그건 터무니없는 생각이야." 혹은 "그건 받아들일 수 없어."라고 말할 때마다 내 머릿속에서는 지 선생님의 목소리가 들려왔다. "아무도 찬성하지 않더라도 너는 네 안건에 반드시 한 표를 던져야 해. 왜냐하면 그것은 너의 안건이니까."

두 번째 배움은 어느 소풍에서 얻은 것이다. 우리는 해변으로 소풍을 갔다. 아이들은 즐겁게 물놀이를 했고, 나는 해변에서 친구들의 신발을 지키는 역할을 맡았다. 그러나 장난기가 발동한 나는 친구들의 신발을 모래 속에 묻어버렸다. 이제 집으로 돌아갈 시간이 되었을 때 대부분의 신발은 쉽게 찾을 수 있었지만 한 짝이 끝내 나오지 않았다. 아무리 찾아도 신발은 나오지 않았고 나는 몹시 난처했다. 그때 술에 취한 한 남자가 다가왔다. 그는 한 손에 신발 한 짝을 들고 있었다. 우리가 "신발 돌려주세요!"라고 하자 그 남자는 비웃으며 장난을 쳤다. 우리를 어린애 취급하며 신발을 주지 않았다. 그 순간 지 선생님이 앞으로 나서셨다. 선생님은 작고 왜소한 체구였다. 술 취한 남자의 어깨에도 미치지 못했다. 하지만 선생님은 차분하게 몇 마디 말을 건넸다. 술 취한 남자는 능글맞은 웃음을 지으며 듣기 거북한 말들을 내뱉었다. 그때 갑자기 "짝!" 선생님이 남자의 뺨을 세게 때리셨다. 순간 나는 너무 겁에 질렸다. 하지만 지 선생님은 미동도 하지 않고 조용히 남자를 바라보았다. 잠시 후 그 남자는 말없이 신발을 건네주고 중얼거리며 사라졌다.

정말 신기했다. 그렇게 작은 체구의 여성이 거대한 남자의 뺨을 단호하게 내리치다니. 선생님의 작은 손바닥 힘은 내 마음속에 씨앗처럼 남아 훗날 내 삶 속에서 점차 뿌리를 내렸다. 작고 왜소한 사람도 마음먹고 용기를 내 맞선다면 눈앞에 제아무리 거대한 존재가 있더라도 결코 두렵지 않다는 것을.

둥베이에서 자란 어린 소녀

저녁 바람 속에서 지 선생님이 침착하면서도 단호하게 술 취한 거구의 뺨을 후려치던 그 장면은 나에게 깊은 인상을 주었고, 오랫동안 궁금했다. 지 선생님의 용기와 힘은 도대체 어디에서 온 것일까?

중학교 졸업 후 오랜 시간이 흐른 뒤 나는 지 선생님과 다시 연락이 닿았다. 그리고 선생님을 한층 더 깊이 알게 되었다. 지 선생님의 아버지, 그의 이름은 지청천(池靑天)이었다. 지 장군은 한국 독립운동사에서 매우 중요한 인물이었다. 1919년 3·1운동 이후 장군은 중국 둥베이(만주)로 망명했다. 그리고 본격적인 항일 투쟁을 위해 '대한독립군단'을 조직했다. 이름을 '이청천(李靑天)'으로 바꾸고 여단장을 맡았다. 그렇게 그는 한국의 항일 투쟁을 이끈 대표적인 장군이 되었다. 한국 독립운동사에서 만주의 항일 독립군 세력과 상하이 임시정부는 두 개의 핵심 축으로 자리 잡았다.

지 선생님은 어머니와 함께 아버지를 찾아 둥베이로 갔고, 그곳에서 성장한 이야기를 내게 들려주셨다.

선생님과 어머니는 아무도 없는 깊은 숲속 오두막에서 1년간 지냈다. 여름에는 주변이 온통 초록빛 숲으로 둘러싸였고, 나뭇잎이 모두 떨어진 겨울이 되어서야 먼 곳에서 이곳의 연기가 희미하게 보일 정도였다. 선생님은 본래 외향적인 성격이었지만 친구 하나 없는 이런 환경에서 점차 내성적으로 변해갔다. 유일한 벗은 숲속의 풀과 나무들이었다. 많은 식물과 잎사귀를 관찰하며 세상에는 완전히 똑같은 풀 한 포기, 잎사귀 한 장도 없다는 사실을 깨달았다. 그 후 선생님은 세상에서 어떠한 사람을 만나도 놀라지 않는 담대한 사람이 되었다.

혹독한 겨울이 찾아왔다. 둥베이의 겨울은 눈이 많고 폭설이 내리면 몇 걸음 앞도 보이지 않았다. 어느 날, 선생님은 학교를 가기 위해 홀로 5~6리(약 2km)의 길을 걸었다. 눈밭을 걸으며 나아가던 중 눈 구덩이에 빠지며 신발 한 짝을 잃어버렸다. 몇 걸음 더 가자 다른 쪽 발도 눈 구덩이에 빠졌고 이번에는 양말까지 함께 사라졌다. 선생님은 잠시 고민한 끝에 맨발로 계속 걸어 나아갔다. 어차피 집으로 돌아가든 학교로 가든 거리는 똑같을 거였다. 그때 멀리서 중국인 사냥꾼이 이 모습을 지켜보다가 황급히 다가와 곰가죽 외투를 벗어 선생님을 감싸 업은 채 자신의 집으로 데려갔다. 사냥꾼의 집에서 따뜻한

물을 마시며 옥수수 더미 속에 발을 넣고 몸을 녹였다. 그 덕분에 동상에 걸리지 않을 수 있었다.

지 선생님은 둥베이의 땅이 비옥하여 들판에는 다양한 작물이 풍성하게 자랐다고 말씀하셨다. 수확철이면 아이들은 어디든 가서 마음껏 먹을 수 있었다. 심지어 서리를 하다 들켜도 농부들이 꾸짖기는커녕 더 많은 열매를 따서 집에 가져가라며 챙겨주었다고 한다. 이때의 기억을 떠올리며 지 선생님은 천천히 말씀하셨다.

"그때 사람들의 마음은 정말 깊고 따뜻했어."

중국 아이들과 한국 아이들은 종종 싸웠다. 중국 아이들이 한국 아이들을 '가오리방쯔高麗棒子'라 부르며 놀리면 선생님은 거침없이 맞받아쳤다. 하지만 얼마 지나지 않아 아이들은 다시 친해졌고 함께 어울려 놀았다.

이후 지 선생님은 베이핑(베이징의 옛 이름)으로 유학을 떠나 '펑위샹馮玉祥'이 설립한 사립학교에 입학했다. 선생님은 베이핑을 아주 좋아했다고 말씀하셨다.

"베이핑은 깊은 무언가를 품고 있었지만 그 무게가 결코 넘쳐 흐르지는 않는 좋은 지방이다."

전쟁 때문에 지 선생님의 학업은 순탄치 않았다. 선생님은 베이징에서 난징, 충칭, 청두 등지를 떠돌며 공부를 이어갔다. 그러나 결국 학업을 마치지 못한 채 군에 입대했다.

충칭에 머물 때, 선생님은 절대 잊을 수 없는 '공 선생님[龔老師]'을 만났다. 공 선생님은 후난 출신이었다. 겉모습은 볼품없고 바지를 항상 걷어 올리고 다녀 학생들에게 '황포차부(黃包車夫, 인력거꾼)'라는 별명을 얻었다. 그는 독특한 방식으로 가르쳤는데, 학생들 앞에서는 절대 칭찬하지 않았지만 뒤에서는 남다른 애정을 가지고 돌보았다고 한다. 그러나 학생들은 그의 진심을 졸업 후에야 깨달았다. 그때는 이미 우연한 오발탄 사고로 공 선생님이 돌아가신 후였다.

제2차 세계대전이 끝나고 한국이 독립하자 지 선생님은 고국으로 돌아왔다. 당시 한국은 전쟁으로 폐허가 되었기 때문에 각계에서 유능한 인재를 절실히 필요로 했다. 선생님은 충분한 능력을 갖추었기에 큰 꿈을 펼칠 수도 있었지만 정치가 싫었다고 했다. "정치의 '정(政)'자는 '바를 정(正)'과 '글월 문(文)'을 합친 뜻이지만 지금은 그렇지 않아."라며 거리를 두었다.

선생님은 백범 김구와 같은 정치인을 그저 비범한 인물로 존경했을 뿐 결코 숭배하지는 않았다. 지 선생님이 가장 존경하는 사람은 바로 오류선생(五柳先生) 도연명(陶淵明)이었다.

"귀거래사(歸去來兮), 오두미(五斗米)를 위해 허리를 굽히지 않는, 깨끗하고 올곧은 삶의 태도가 정말 인간다운 모습이지."

결국 선생님은 서울대학교 도서관에서 일하게 되었다.

한국전쟁이 끝난 후 누군가 선생님에게 부산에 가볼 생각이 없냐고 물었다. 마침 부산엔 화교중학교가 있었고, 한국어를 가르칠 교사가 한 명 부족한 상황이었다. 선생님은 자신과 중국이 맺은 특별한 인연을 떠올렸다. 많은 중국인 스승에게 배움을 받았으니 중국 학생들을 가르칠 기회가 주어진다면 그것 또한 뜻깊은 일이 될 것이라 생각했다. 한편으로는 생계를 위해 다른 한편으로는 작은 보답의 마음으로 부산화교중학교에서 교사생활을 시작했다.

내가 중학교에 입학하던 해 선생님은 이미 6년째 교편을 잡고 계셨다. 작고 온화한 말투를 가진 여성이었지만 그 안에 담긴 용기와 힘은 결코 우연이 아니었던 것이다.

친구

어린 시절 어머니는 나에게 튼튼한 보호망이 돼 주셨다. 하지만 중학교 1학년 겨울방학 때 병환으로 세상을 떠나셨다. 그 순간부터 내 삶은 완전히 바뀌었다. 어머니 없이 나는 스스로 더 넓은 세상을 탐색해야만 했다. 그 과정에서 나에게 가장 큰 영향을 준 것이 바로 친구들이었다.

친구가 많아지면서 세상은 차가운 바람이 부는 곳이 아니라 새롭고 흥미로운 공간으로 변했다. 나는 처음으로 내 주머니 돈을 꺼내 친구들과 함께 길게 줄을 서서 사오빙[燒餠, 소병]과 바오쯔[包子, 만두]를 사 먹었다. 뜨끈한 만두를 한입 베어 물었을 때의 그 맛과 감촉을 아직도 기억한다. 친구들은 더 이상 단순한 동네 친구들만이 아니었다. 같은 반 친구, 다른 반 친구 심지어 부산 외 지역에서 온 기숙사 학생들까지 다양한 배경을 가진 친구들이 생겼다. 나는 그들의 눈을 통해 더 넓은 세계를 엿볼 수 있었다.

처음으로 기숙사에 들어가본 날, 그 광경이 아직도 생생하다. 공기 중에는 익숙하지 않은 냄새가 떠돌았고, 어떤 학생이 침대에 앉아 도시락을 먹고 있었는데 도시락 안에는 흰 쌀밥

뿐이었다. 반찬도 없이 숟가락으로 허겁지겁 밥을 퍼먹던 모습이 잊히지 않는다. 집을 떠나 살아본 적 없는 나에게 이 장면은 엄청난 충격이었다.

친구들 중에는 '모범생'이라 불리는 아이들도 있었고, '문제아'라 불리는 녀석들도 있었다. 덩치가 커서 '대장' 역할을 하는 친구가 있는가 하면, 체구가 작아 '쫄병' 역할을 하는 친구들도 있었다. 놀라운 것은 그들이 나의 장애를 전혀 특별하게 바라보지 않았다는 점이다. 어느 누구도 나를 이상한 시선으로 보거나 차별하거나 괴롭히지 않았다. 그들은 아무렇지도 않게 나를 받아들였을 뿐이었다. 그리고 어머니를 잃은 나를 조용히 '정상적인' 사회로 이끌어 주었다.

친구들은 나에게 세상의 밝고 어두운 면을 모두 보여주었고, 내 마음속의 호기심을 더욱 자극시켰다. 그들은 나를 각종 소풍, 여행에 함께 데려갔다. 우리는 자주 송도에서 배를 타고 먼 섬까지 노를 저어갔다. 작은 배 서너 척이 경쟁하듯 출발해 누가 먼저 먼 섬까지 도착하는지 내기를 하기도 했다. 나는 수영을 할 줄 몰랐고, 다리에는 철제 보조기구를 차고 있었다. 그럼에도 친구들과 일부러 배를 흔들며 위험한 순간을 연출하고 크게 웃으며 즐거워했다.

친구들은 또 나에게 주먹이 얼마나 강한지, 누가 더 싸움을 잘하는지를 보여주었다. 그리고 나를 선생님들이 '금기'라 여기는 것들에도 조금씩 발을 들이게 했다. 예를 들어, 담배, 술, 여자아이들에게 관심 갖기 그리고 한밤중이 되어야만 몰래 볼 수 있는 책들을 읽는 것! 나중에는 텍사스 골목의 술집에도 드나들게 되었다.

누군가가 내 앞에서 나를 '절름발이'라고 부른 것은 대학교 2학년 여름방학, 부산에 돌아왔을 때였다. 그날 나는 텍사스 골목에서 친구들과 술을 마시기로 했는데 술집을 잘못 찾아 들어갔다. 몇 번 불러봐도 친구들이 보이지 않아 나가려는 순간 안쪽에 앉아 있던 두 명의 화교 선배들이 나를 불렀다. 그중 한 선배가 진지한 얼굴로 나를 바라보며 말했다.

"하오밍이, 너는 절름발이야. 그런데 왜 그렇게 잘난 척하고 다니는 거냐? 난 타이완 시먼딩에서도 네가 으스대는 걸 봤어. 그런데 여기 술집에서도 그렇게 잘난 척하고 다니는 거냐? 너는 사람들이 널 보는 게 얼마나 불편한지 그걸 모르는 거야?"

그 말을 듣는 순간 나는 화나지 않았고 슬프지도 않았다. 다만 '내가 얼마나 거만한 모습이었기에 이 선배가 이렇게까지 불쾌해하는 걸까?' 하는 생각이 들었다. 나는 한편으로는 재미있었고, 한편으로는 내가 너무 '정상적'이 되어버린 건 아닐까 하는 의문이 들었다.

돌이켜보면 '혈기왕성[血氣方剛]'이라는 표현은 정말로 이 시기의 친구들을 설명하기에 딱 맞는 말이었다. 그 시절, 삶은 열정적이었고 피는 뜨겁게 끓고 있었다. 중학교 친구들은 초등학교 친구들과는 달랐다. 초등학교 친구들은 '놀이 친구'였다면 중학교 친구들은 '인생을 함께하는 동반자'였다. 그들과 함께라면 무엇이든 할 수 있을 것 같았다. 초등학교 친구들이 가져다준 변화는 덧셈이었다. 하지만 중학교 친구들이 가져다준 변화는 곱셈과 지수 함수 같았다. 인생의 수많은 전환점은 바로 이 청소년기에 만난 친구들 덕분에 생겼다. 때로는 단 한 명의 친구가 곁에 있다는 것만으로도 세상이 온전히 내 것이 된 듯했다. 반면, 단 한 명의 친구 때문에 세상이 통째로 무너질 수도 있었다.

그래서 나는 한국 영화 〈친구〉를 보았을 때 강한 공감을 느꼈다. 이 영화는 부산을 배경으로 고등학교 시절의 친구들 이야기를 그려낸 작품이다. 영화 속에서 그들이 입은 검은 교복, 그들이 뛰놀던 거리, 그들의 기쁨과 분노, 슬픔과 즐거움이 너무나도 익숙하게 느껴졌다. 영화뿐만 아니라 현실 세계에서 본 한 장면은 더욱 잊히지 않는다. 정확한 기억은 아니지만 1972년 혹은 1973년 어느 겨울날이었다. 해질녘 청관 골목에서였다.

거리는 넓지 않았지만 그래도 차가 다니는 도로였다. 도로 한가운데 두 남자가 앉아 있었다. 한 남자는 길바닥에 앉아 있었고, 다른 한 남자는 그의 허벅지를 베고 웅크린 채 누워 있었다. 누워 있는 남자는 심하게 취해 있었다. 앉아 있는 남자는 비교적 멀쩡한 상태였다. 그는 담배를 피우며 가끔씩 취한 남자의 입에 담배를 물려주었다. 그리고 그의 얼굴을 살며시 두드리며 낮은 목소리로 무언가를 속삭였다. 나는 문구점 안에서 유리창 너머로 그들을 바라보았다. 그들이 무슨 이야기를 나누는지는 전혀 들을 수 없었지만 차가운 겨울바람 속에서, 어둠이 내려앉는 거리 한가운데에서, 그 둘은 오로지 서로만을 신경 쓰고 있었다. 그들의 모습은 마치 세상에 다른 아무것도 존재하지 않는 것 같았다. 그 순간 나는 가게 안의 난로보다 그들의 존재에서 더 따뜻한 온기를 느꼈다.

내 목발

나는 '아무렇지 않게' 청소년기를 맞았다. 그 시절, 목발을 짚고 다니면서도 다른 친구들처럼 몸을 단련할 방법을 찾고 싶었다. 거울을 보며 신체 각 부위의 근육 모양을 관찰하는 것도 흥미로웠다. 나는 철봉과 평행봉을 좋아했다. 철봉을 할 때는 가장 높은 철봉을 잡았다. 항상 친구들의 도움을 받아 손이 닿을 수 있도록 몸을 들어 올려야 했다. 허리에 힘을 줄 수 없었기 때문에 오로지 팔의 힘만으로 철봉을 당겨 올라갔다. 정면으로 당긴 후 반대 방향으로도 당겼다. 평행봉은 더 편했다. 목발을 내려놓고 혼자서 오를 수 있었기 때문이다. 무엇보다 몸을 크게 흔들면서 움직일 때의 자유로운 느낌이 정말 좋았다. 그래서 철봉보다 평행봉을 더 좋아했다. 그러나 나에게 가장 중요한 운동은 '목발 걷기'였다.

초등학교 시절 나는 체력이 부족해 오래 걷는 것이 어려웠다. 경사가 가파른 길은 더욱 힘들었다. 우리 집에서 학교까지 가려면 거의 60도에 가까운 가파른 흙길을 내려가야 했는데 날씨가 맑을 때도 걷기 힘들었고, 비가 오면 길이 진흙탕이 되거나 심지어 흙탕물이 쏟아지기도 해서 더욱 힘들었다. 그래서 어머니는 더 멀지만 바닥이 단단한 골목길로 돌아가도록 했다. 하지만 어머니가 돌아가신 후 내 생활 반경은 점점 더 넓어졌다. 그에 따라 목발을 짚고 걷는 거리와 방법도 자연스럽게 확장되었다. 이제는 비만 오지 않으면, 조금만 조심하면, 그 가파른 흙길도 혼자서 오르내릴 수 있었다.

또한, 버스를 타고 내리는 것이 불편했기 때문에 나는 어디든 걸어서 이동해야 했다. 그렇게 조금씩 연습하다 보니 어느새 아주 먼 거리까지 걸을 수 있게 되었다. 처음으로 초량에서 광복동까지 걸어갔을 때 나는 엄청난 희열과 성취감을 느꼈다. 내가 워낙 많이 걸었기 때문에 나무 목발은 두세 달마다 마모되거나 부러져 교체해야 했다. 철제 보조기구(다리 보조기구)도 쉽게 망가졌다. 특히 발뒤꿈치 부분이 자주 부러졌다. 가끔 신나게 걷고 있는데 "딱" 하는 소리와 함께 목발이나 보조기구가 이상 신호를 보낼 때가 있었다. 그럴 땐 '이제 어떻게 집까지 돌아가지?'라는 생각이 머릿속을 스쳤다. 그때부터 집까지 돌아가는 일이 거대한 도전이 되었다.

나는 목발의 용도를 단순한 보조도구가 아니라 놀이 또는 운동의 도구로 확장하고 싶었다. 양발을 땅에 닿지 않은 채 공중에서 목발만으로 10~20걸음 정도 이동하는 방법을 연습했다. 이 동작은 꽤 어려웠다. 그래서 친구들은 내가 할 수 있는지 궁금해하며 가끔씩 보여 달라고 했다.

나는 넘어졌을 때 스스로 일어나는 법도 연습했다. 누군가가 도와줄 수 있다면 목발 하나를 세우고 손으로 잡아 몸을 일으켜 세우는 것이 가장 쉬웠다. 하지만 아무런 도움도 받을 수 없는 상황에서는 어떻게 하면 스스로 일어날 수 있을지 고민했다. 우선 엎드린 상태에서 두 개의 목발을 몸 앞에 수직으로 세운다. 그리고 손으로 단단히 잡고 목발 끝을 지렛대 삼아 힘을 주며 천천히 몸을 들어 올린다. 처음 이 동작을 연습했던 날이 아직도 생생하다.

한여름, 길 위에는 아무도 없었다. 평소처럼 주변에 사람이 있어서 도와줄 수 있는 상황이 아니었다. 내가 직접 해보는 수밖에 없었다. 이마에 흐르는 땀방울을 훔칠 틈도 없이 나는 조금씩 목발의 각도를 맞추며 몸을 점점 들어 올렸다. 마침내 완전히 일어났을 때, 나의 온몸은 땀으로 흠뻑 젖었다. 앞이 잘 보이지 않을 정도였다.

　겨울철의 '목발 걷기'는 또 다른 도전이었다. 부산은 항구 도시이기 때문에 겨울 기온이 그렇게 낮지는 않았다. 눈도 거의 내리지 않았다. 하지만 바닷바람이 뼛속까지 스며드는 강한 추위가 있었다. 부산을 떠나 오랜 시간이 흐른 뒤 한겨울에 다시 방문한 적이 있었다. 그때 밖에서 단 몇 분을 있었을 뿐인데 손이 얼어붙는 것만 같았다. 나는 순간 이런 생각이 들었다. '나는 예전에 이런 겨울을 어떻게 버텼던 걸까?' 나는 분명히 기억했다. 교실 안에는 난로가 있었다. 하지만 학교에 도착해서 얼어붙은 손을 녹이기 위해 손을 비비는 것이 먼저였다. 그런 손으로 목발을 짚고 걸어 다녔다는 사실이 지금 생각해 보면 도저히 믿기지 않는다.

　또 하나의 도전이 있었다. 겨울이 되면 거리 곳곳에 얼음이 얼었고 두께도 제각각이었다. 나는 얼음이 있는 곳을 최대한 피해 걸었지만 피할 수 없는 경우도 많았다. 그럴 때는 숨을 크게 들이마시고 마치 내 몸을 가볍게 띄우듯이 천천히 이동해야 했다. 가장 중요한 것은 목발 끝에 있는 고무 받침이 얼음과 최대한 수직으로 닿도록 유지하는 것이었다. 조금이라도 각도가 기울어지면 미끄러질 위험이 컸기 때문이다. 이러한 동작의 난이도는 여름에 넘어졌다가 스스로 일어나는 과정과 비교해도 결코 쉽지 않았다. 그래서 지금의 내가 돌아보면 어떻게 그런 일이 가능했는지 도저히 이해가 가지 않는다.

나에게 목발이란 과연 무엇일까?

어떤 상황이든 상관없이 목발은 나의 '휴대용 평행봉'이었다. 나는 늘 목발을 사용하며 목발과 함께 내 몸을 단련했다. 하지만 목발이 내 몸에 얼마나 큰 도움을 주었는지 나는 끝내 완전히 이해할 수 없을지도 모른다.

등산과 곡예

부산에서 나는 등산도 했다.

암벽 등반도 했다. 여기서 말하는 '산'과 '암벽'은 높고 가파른 계단을 뜻한다.

부산은 산으로 둘러싸인 도시다. 어디를 가든 언덕과 계단이 끝없이 이어져 있다. 계단도 다양했다. 시멘트로 깔린 곳도 있었고 돌을 쌓아 만든 곳도 있었다. 그러나 대부분의 계단에는 난간이 없었다.

나는 목발을 짚고 다니며 세계를 탐험하는 법을 배웠다. 처음에는 평지에서 점점 활동 범위를 넓혀 나갔다. 그리고 다음으로 도전한 것이 높은 곳으로 가는 것 즉 계단 오르기였다. 계단에 난간이 있을 때는 정면으로 올라갈 수 있었다. 그러나 난간이 없는 경우 정면으로 올라가는 것은 불가능했다. 이럴 때는 몸을 옆으로 돌려 등진 상태에서 올라가야 했다. 방법은 이렇다. 한쪽 목발로 힘을 주어 몸을 지탱하면서 한 계단 올라간다. 다른 쪽 목발을 들어 올려 다시 몸을 지탱한다. 이 과정을 반복하며 한 계단씩 올라간다. 처음에는 다섯 계단, 여섯 계단부터 시작했다. 점점 익숙해지면서 열 계단 스무 계단도 가뿐해졌다. 때로는 혼자 때로는 친구들과 함께 올라갔다. 가장 많은 계단을 오른 것은 지 선생님 댁을 방문했을 때 무려 예순~일흔 계단이나 올랐다!

  나는 등을 돌린 채 계단을 올랐기 때문에 밑에서 바라보는 사람들의 시선을 종종 받을 수 있었다. 그들의 눈빛에는 호기심과 놀라움으로 가득했다. 나는 속으로 중얼거렸다. '대체 뭐가 그렇게 신기하다는 거지?' 그러나 수십 년이 지난 후 나는 그들의 시선을 이해하게 되었다.

그 장면을 떠올려 보자. 한 소년이 가파른 돌계단을 목발을 짚고 등진 채 기어오르고 있다. 한 계단씩 천천히 조심스럽게. 시멘트로 단단히 다져진 계단이면 그나마 안전하다. 하지만 어떤 계단들은 울퉁불퉁한 돌들을 쌓아 만든 것이었다. 어떤 돌들은 반들반들하게 닳아 미끄러웠다. 심지어 둥근 자갈이 섞여 있는 곳도 있었다. 이런 곳에서 목발을 짚고 올라가는 것은 단순히 '어려운 일'이라고 표현할 수 없다. '위험한 일'이라는 말조차 부족하다. 그야말로 목숨을 건 도전이었다. 내가 조금이라도 실수하면 그 높은 계단에서 그대로 굴러 떨어질 수도 있었다. 그랬다면 생존 가능성은 거의 없었을 것이다. 만약 내가 길을 가다 이런 장면을 보았다면 당연히 발길을 멈추었을 것이다. "저 아이, 대체 뭘 하는 거지?" "너무 위험한데, 괜찮을까?" 걱정이 되겠지만 그렇다고 큰 소리로 "위험해!"라고 말할 수도 없었을 것이다. 괜히 놀라게 하면 더 위험한 상황이 될 수도 있으니까.

나는 왜 두렵지 않았을까? 지금 생각해 보면 나는 정말 곡예를 하고 있었던 것이나 다름없었다. 그런데도 나는 왜 그렇게 대담하게 행동할 수 있었을까? 오랫동안 스스로에게 묻고 또 물었다. 하지만 아직도 명확한 답을 찾지 못했다. 특히 불규칙한 돌로 쌓아진 계단과 미끄러운 자갈이 섞인 곳을 떠올려 보면 더더욱 이해가 되지 않는다. 목발의 바닥 부분은 고무 패드로 되어 있었다. 그런 곳에서 미끄러지는 건 당연한 일이었다. 그럼에도 불구하고 나는 왜 한 번도 두려움을 느끼지 않았을까? 마치 맨손 등반을 하는 사람처럼 돌과 돌 사이의 틈을 살피며 천천히 한 걸음씩 나아갔던 기억만 남아 있다.

이제는 체력이 예전 같지 않다. 설령 가능하다고 해도 나는 절대 다시 시도하지 않을 것이다. 그때의 나는 도대체 무슨 생각을 하고 있었을까? 그 질문에 대한 답을 찾고 싶다. 생각해 보면, 나는 내 몸의 한계를 시험하고 싶었는지도 모른다. 얼음 위를 걷고, 계단을 오르고, 먼 거리를 걸으며 내가 어디까지 갈 수 있을지 궁금해했다. 어쩌면 그런 복잡한 이유도 없었을 것이다. 그냥 '가고 싶은 곳이 있었고, 거기에 가기 위해서는 올라가야 했기 때문'이다.

이제 나는 휠체어를 탄다. 그리고 수영도 한다. 다른 방식으로 운동할 기회가 많아졌다. 그래서인지 그때의 기억이 이제는 마치 전생의 일처럼 느껴진다. 하지만 그 시절 목발을 짚고 도전했던 순간들을 떠올리면 왠지 모를 뿌듯함이 밀려온다. 그것은 오직 소년기의 용기만이 할 수 있었던 일이었다. 그리고 그때의 도전 덕분에 나는 더 넓은 세상을 경험할 수 있었다. 지금 돌아보면, 나는 목발을 통해 세상을 탐험하는 방법을 배웠다. 그리고 그 탐험을 두려워하지 않는 법도 배웠다. 그 덕분에 나는 지금도 호기심을 유지하며 살아가고 있다. 그 모든 것에 나는 감사한다.

바둑알은 보검

내 기억 속에서 부산의 봄과 여름이 교차하는 시기는 특히나 아름다웠다. 내가 목발을 짚고 세상을 탐험하기 시작했던 그 시기의 풍경은 더욱 잊을 수 없다. 그중 한 장면의 기억이 아직도 생생하다.

길가에는 늘 바둑을 두는 사람들이 있었고, 그 주변에는 구경하는 사람들도 잔뜩 모여 있었다. 나는 마침 바둑에 흥미를 가지기 시작한 참이었다. 어릴 때는 먼저 중국 장기를 배웠다. 우리 반에는 장기의 천재가 있었다. 그 아이는 한 번에 서너 명을 상대하며 우리를 완전히 압도했다. 그를 이길 수 없다는 걸 깨닫자 장기에 대한 흥미를 잃었다. 그 후 바둑을 배우기 시작했는데 그 친구의 바둑 실력은 그리 뛰어나지 않았다. 우리는 서로 이기고 지기를 반복했고, 가끔 내가 이기기도 했다. 방과 후에도 친구들과 함께 바둑을 두었는데 이제는 길거리에서 바둑 구경하는 것도 자연스러워졌다. 이렇게 바둑에 점점 빠져들면서 나는 한국 서점에서 바둑 책을 사기 시작했다.

바둑의 규칙은 간단히 말하면 영역을 차지하는 경기다. 바둑판 위의 한 칸 한 칸이 곧 공간이며, 게임이 끝나면 더 넓은 영역을 차지한 사람이 승리한다. 따라서 바둑을 둔다는 것은 다음과 같은 두 가지 전략을 펼치는 것이다.

1) 상대가 두기 전에 더 넓은 공간을 차지하는 것. 이때 최대한 넓은 영역을 차지하되 상대가 쉽게 침입하지 못하도록 해야 한다.

2) 상대가 차지하려는 공간을 방해하거나 침입하는 것. 이때 상대의 돌을 둘러싸서 잡아먹거나 혹은 상대의 영역 안으로 침투하여 공간을 줄이는 것이다. 즉 자신이 포위되지 않도록 주의해야 한다.

이와 관련해 바둑 책에는 기본적인 착점법을 배우는 '정석',

살고 죽는 기술을 배우는 '사활' 등이 있었다. 그러나 책만 본다고 바둑 실력이 늘지는 않는다. 실전 경험이 중요하다. 책을 보는 것은 무공을 연마하는 것이고, 실전 대국은 곧 실전 대련이다. 책을 읽고 친구들과 대국하며 자신의 바둑 실력이 향상되는 것을 확인하는 과정이 무척 즐거웠다. 이 과정은 마치 무협 소설 속 이야기 같았다. 산속 동굴에서 무공을 연마한 뒤 세상에 나와 승부를 겨루고 패배하면 다시 동굴로 돌아가 무공을 닦는 과정과 같았다. 바둑알은 나에게 '보검'과 같았다.

내가 한국을 떠날 당시 나의 바둑 실력은 1급이었다. 하지만 타이완에 온 뒤로는 바둑을 두지 않았고, 40년이 넘는 시간이 흘렀다. 그러던 몇 년 전 내게 특별한 일이 일어났다. 나는 일본 '본인방(本因坊)' 타이틀을 보유했던 타이완의 프로 바둑 기사 왕밍완王銘琬과 인연이 있었다. 그는 우리 출판사의 저자이기도 했고, 오랜 시간 알고 지낸 사이였지만 감히 그에게 바둑을 한 판 두어 달라고 청하지는 못했다. 그러던 어느 날 용기를 내어 그에게 대국을 요청했다. 그는 나에게 삼 점을 깔고[三子置] 한 판을 두어 주었다. 대국이 끝난 후 그는 이렇게 말했다.

"당신은 아마추어 1단 이상의 실력을 갖고 있습니다."

이 말을 듣고 나는 한편으로 기쁘면서도 너무나 놀라웠다. 40년 넘게 바둑을 두지 않았는데 어떻게 아직도 이런 실력을 유지할 수 있었을까? 나는 그 후 왕밍완이 쓴 책을 읽으면서 그 이유를 깨닫게 되었다.

바둑은 '수담(手談)'이라고도 불린다. 손으로 나누는 대화라는 뜻이다. 바둑을 둘 때 사람마다 사고방식과 습관이 그대로 드러난다. 예를 들어, 어떤 사람은 '큰 그림을 보는 스타일 [大處着眼]'을 선호한다. 먼저 넓은 공간을 차지하고 상대의 침입을 방어하며 전체적인 판세를 유지하려고 한다. 반면 어떤 사람은 '디테일을 중시하는 스타일[小處着手]'을 선호한다. 작은 영역을 단단하게 차지하고 상대의 영역을 방해하며 구체적인 싸움을 즐긴다. 나는 바둑을 통해 이 두 가지 사고방식을 모두 익혔다. '큰 그림을 보는 것'은 내 길을 걸어가되 사소한 일에 얽매이지 않고 전체적인 방향을 놓치지 않는 것. '디테일을 중시하는 것'은 구체적인 문제를 다룰 때는 모든 변수를 고려하고 끝까지 철저히 싸우는 것. 내가 비록 오랜 세월 동안 바둑을 두지 않았지만 이 두 가지 사고방식은 내 삶의 곳곳에서 활용되고 있었다.

사람들은 흔히 "수영은 한 번 배우면 평생 잊지 않는다."고 말한다. 바둑도 마찬가지였다. 나는 바둑을 통해 생각하는 법을 배웠고 또한 세상을 바라보는 법을 배웠다. 그리고 그것이 나의 삶 속에 여전히 살아 숨 쉬고 있다.

소리의 세계

책방을 가는 것만큼 자주 찾던 곳이 바로 음반 가게였다.

중학교 1학년 때 어머니가 돌아가신 후 나는 한국인 새어머니를 맞이했다. 새어머니는 우리 집에 많은 변화를 가져왔는데, 그중 나에게 가장 큰 영향을 준 것이 바로 장식장이 달린 스테레오 전축을 들여온 일이었다. 장식장 문을 열면 붉은 불빛이 켜지면서 턴테이블이 돌아갔다. 조심스럽게 그 위에 바늘을 내려놓으면 스테레오 사운드가 울려 퍼졌는데, 그 신비로운 순간이 아직도 생생하다. 처음 접한 음반은 전축을 구매하면 따라오는 웨스턴 영화의 경음악이었다. <황야의 무법자> 시리즈의 테마 음악은 이후로도 잊을 수 없는 곡이 되었다. 당시 재킷에 적힌 감독과 작곡가의 이름이 눈에 확 들어왔고, 그때부터 나의 '팝송 여행'이 시작되었다. 다행히도 이 여정에서 함께 경쟁하며 배울 친구가 있었다. 흥미롭게도 그는 무협 소설을 읽는 데에서도 나와 경쟁하는 친구였다.

무협 소설은 내가 먼저 접했지만 팝송은 그 친구가 형과 누나의 영향을 받아 먼저 눈을 떴다. 그래서 처음엔 친구가 나를 이끌었다. 추천해 준 첫 번째 노래는 조니 호튼Johnny Horton의 〈All for the Love of a Girl〉이었고, 두 번째 노래는 스콧 매킨지Scott McKenzie의 〈San Francisco〉였다. 부산의 한 음반 가게에서 직접 산 첫 번째 음반의 트랙 리스트가 아직도 또렷하다. 그때부터 우리의 경쟁은 본격적으로 시작되었다. 누가 먼저 어떤 노래를 들었는지, 어느 가수를 먼저 알았는지, 어떤 비하인드 스토리를 알고 있는지를 겨루었다. 때때로 서로 가장 뛰어난 곡을 선정하며 논쟁을 벌이기도 했다. 우리는 다양한 가수와 밴드의 명곡을 수집하며 자기만의 '숨은 명곡'을 발굴하려 했다. 나는 엘비스 프레슬리Elvis Presley, 시시알CCR, 비틀즈Beatles, 홀리스The Hollies, 무디 블루스Moody Blues, 딥퍼플Deep Purple 같은 가수에 관심을 가졌고 그들을 다룬 잡지와 기사들을 찾아 읽었다. 또, 팝송을 따라 부르기 위해 사전을 뒤적이며 영어를 공부했다. 그러다 보니 자연스럽게 영미 문화와 사회적 이슈에도 관심을 갖게 되었다. 그때부터 신중현, 김추자, 양희은, 조용필, 윤항기, 나훈아, 어니언스Onions 등 이름들도 점차 내 기억 속 지워지지 않는 불멸의 존재가 되었다.

소설이 나에게 세상을 들여다보는 창을 열어주었다면 음악은 수많은 문을 열어 나를 현실 세계와 연결해 주었다. 음악을 통해 노래, 밴드, 가수뿐만 아니라 그들을 둘러싼 이야기와 사건들을 알게 되었다. 무엇보다 당대 한국 사회와 나의 삶이 맞닿아 있음을 느꼈다. 예를 들면, 음반 가게를 드나들며 사장님과 얘기하고 새로운 정보를 얻는 일도 자연스러워졌고, 음반을 사기 위해 용돈을 어떻게 관리할지 고민하기 시작했다.

또한 친구의 형과 누나가 소장한 음반을 '경건하게 감상'하기 위해 그의 집을 자주 방문했다. 친구의 집은 정사각형 구조의 사합원이었다. 가장 안쪽 창고 끝에는 친구의 형이 중심이 되어 아이들이 모이는 아지트가 자리 잡고 있었다. 그곳에서 나는 음악을 들으며 생애 첫 담배도 피웠다.

그 후 나는 기타 연주를 시작했다. 기타는 단순한 악기가 아니라 내 중학교 시절 가장 친한 친구이자 고등학교를 졸업하고 타이완으로 떠날 때 유일하게 가져간 짐이었다. 그 안에는 모든 냄새, 온기, 기억이 담겨 있었다. 대학 4년 동안 그리고 졸업 후 5~6년 동안도 기타는 나와 함께했다.

음악은 기쁨을 주지만 때때로 깊은 외로움을 안겨주기도 한다. 인간의 오감은 모두 기억과 감정을 저장하지만 감성적으로 보았을 때 음악이 청각에 가져다주는 풍부함을 능가할 수 있는 감각은 없다고 생각한다. 음악과 기억의 연결은 신비롭다. 인상 깊게 남은 음악은 아무리 오랜 시간이 지나도 첫 음이 울리는 순간 그 시절의 공간과 분위기, 냄새까지도 생생하게 되살아난다. 그리고 가슴 깊이 숨어 있던 감정을 다시 일렁이게 만든다. 내가 타이완에 와서도 여전히 기타를 치며 좋아했던 곡은 신중현이 작곡하고 장현이 부른 <미련>이었다.

내 마음이 가는 그곳에 너무나도 그리운 사람
갈 수 없는 먼 곳이기에 그리움만 더하는 사람……

첫 코드만 눌려도 나는 다시 1970년대 그 시절로 돌아간다.

물고기를 잡는 아이

바둑을 두고 음악을 듣는 것 외에 중학교 시절 나에게 또 다른 즐거움이 무엇이었냐고 묻는다면 나는 주저 없이 '수학 문제를 푸는 것'이라고 말할 것이다. 정확히 말하면 '삼각기하 문제를 푸는 것'이었다.

중학교에서 대수를 배울 때는 처음엔 잘 이해되지 않았다. 하지만 기하는 달랐다. 첫 수업부터 나는 완전히 매료되었다. 기하를 가르친 선생님은 왕자오중王兆忠 선생님이셨다. 둥근 얼굴에 배가 약간 볼록하게 나왔던 선생님은 칠판의 달인이었다. 선생님이 그리는 원은 크든 작든 단 한 번의 움직임으로 완벽한 원이 되었고, 삼각형, 평행사변형을 그릴 때도 자를 사용한 듯이 한 치의 오차 없이 정확했다. 선생님의 가르침 아래 나는 선과 도형, 공간의 세계로 들어갔다. 예각, 둔각, 동각, 등변삼각형, 닮은삼각형, 내접원, 외접원 그리고 sin, cos, tan 등의 개념이 마치 마법처럼 다가왔다. 점점 더 선명해지는 신비로운 궁전과도 같은 세계였다. 일반적으로 '좌우를 두리번거린다'는 부정적인 의미가 있지만 기하학에서 가장 매력적인 부분은 끊임없이 좌우를 살피는 것이다. 수많은 원, 사각형, 삼각형이 얽혀 있는 도형 속에서 변, 각, 축을 따라 그들의 닮음, 대칭, 교차점을 찾고 관계를 정리하는 과정이 너무나 흥미로웠다.

월말 시험 때 왕 선생님은 항상 다섯 문제를 내셨다. 한 문제당 20점. 어느 날부터인가 선생님은 이렇게 말씀하셨다.

"이 마지막 문제는 특별히 하오밍이를 위해 냈다."

다른 학생들은 네 문제까지는 풀어 80점을 받을 수 있었지만 마지막 한 문제는 매우 어려운 난제였다. 그 문제는 나와 선생님의 개인 대결이 되었다. 선생님이 선전포고를 할 때 그의 눈빛에는 장난기 어린 미소가 가득했다. 그걸 본 순간 나는 더욱 열심히 연습해야 했다. 그리고 그 대결에서 승리해야 했다. 기하 문제를 푸는 것은 나의 미친 듯한 즐거움이 되었다. 우리는 타이완 교과서를 사용하는 화교학교에서 공부했기에 한국 교과서를 쓸 일이 없었지만 나는 한국 서점에서 중학생 수학 참고서를 사서 문제를 풀며 끝없는 도전을 이어갔다.

바둑 그리고 팝송과 달리 기하 문제를 푸는 즐거움과 호기심은 나 혼자만의 세계였다. 중학교에서 많은 과목의 문제들은 단순히 암기력 훈련처럼 느껴졌다. 그러나 기하 문제를 푸는 것은 추리 혹은 결투 같았다. 선과 삼각형, 다각형, 원들이

전술적으로 포진해 있었고, 그 안에서 숨겨진 연결 고리를 찾아내어 단숨에 돌파하는 것이 나의 목표였다.

세월이 흐른 뒤 나는 기하학이 왜 이렇게 매력적일까 생각해보았다. 기하는 이성과 감성이 공존하는 학문이다. 이성이란 명확한 논리를 유지해야 한다. 공식을 기억하고 날카로운 관찰력으로 마치 강을 건너기 위해 돌 위를 뛰듯 적절한 발판을 찾아내고 마침내 건너편에 도착해야 한다. 감성이란 직관을 이용한다. 길이 보이지 않을 때 탐정처럼 선, 각, 원을 살펴야 한다. '이 선과 저 각이 무슨 이야기를 하는 걸까?' 강가에 앉아 바람을 느끼며 생각하다 보면 어디선가 반짝이는 빛이 보이고, 발을 내딛으면 그것이 발판이 되어 결국 강을 건널 수 있다.

부산에서 기하 문제를 풀던 시절 잊지 못할 기억이 있다. 어느 겨울 오후, 나는 따뜻한 햇살 아래 문제를 풀고 있었고 옆에는 우리 집 누렁이가 조용히 기대어 누워 있었다. 주변은 조용했고 햇볕은 따뜻하게 내리쬐며 책 위로 빛나고 있었다. 각종 기하 도형이 마치 햇살 속을 유영하는 물고기처럼 보였다.

나는 그곳에서 물고기를 잡는 아이였다.

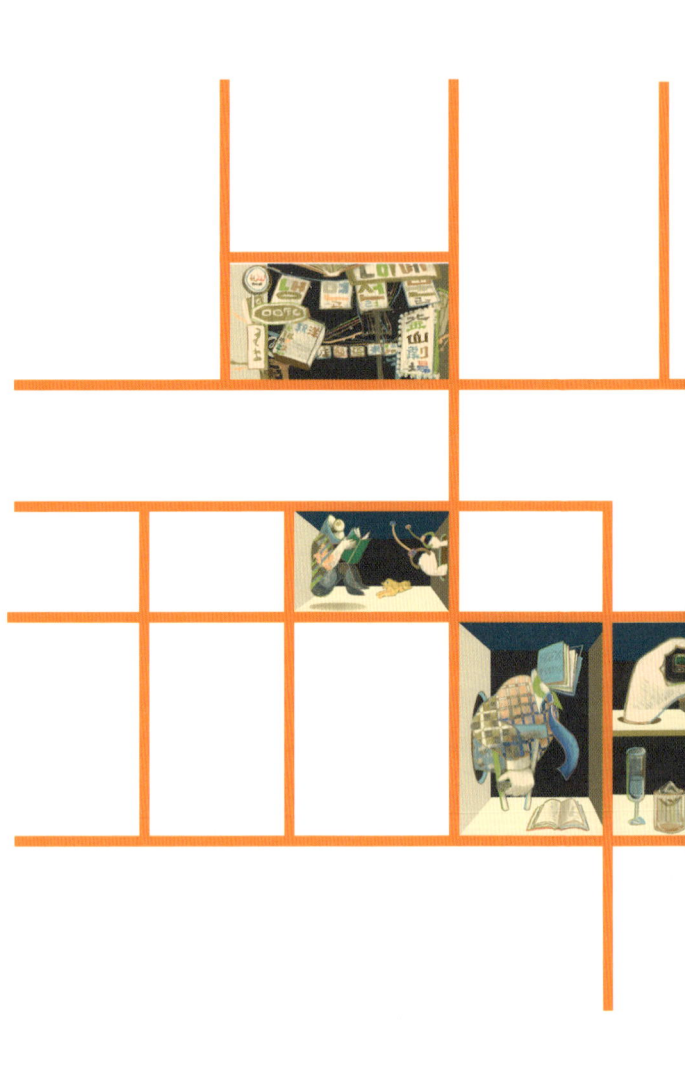

2부 꿈과 사랑의 힘

때가 되면 해결된다는 믿음

2014년 3월 30일, 타이베이 카이다거란 대로 인근에는 거리로 나선 50만 명의 시위대가 운집했다. 그날 밤 나는 전 국정 고문 자격으로 초청받아 무대에 올랐다.

그 전 해 6월, 마잉주馬英九 총통은 소수의 측근 관료들과 함께 중국과 양안서비스무역협정[兩岸服務貿易協議]을 체결했다. 협정을 맺기 전까지 이들은 철저히 비밀을 유지했기 때문에 협정의 내용이 무엇인지, 언제, 어디서 체결되는지 아무도 알지 못했다. 비록 마잉주 정부의 국정 고문이었지만 나도 전혀 몰랐다. 그러던 중 우연히 마잉주 정부의 대표가 이 협정을 체결하려 한다는 사실을 알게 되었다. 그 내용에 출판업과 인쇄업이 포함되어 있다는 것을 듣고 이 협정이 타이완에 해를 끼칠 것임을 직감하고 강력히 반대해야 한다고 생각했다. 그래서 협정 체결 직전에 타이완에서 가장 먼저 글을 써서 이 사실을 폭로하고, 사회 대중에게 함께 반대해줄 것을 호소했다.

하지만 마잉주 정부의 대표는 결국 협정에 서명했다. 그 내용이 공개된 후 다른 여러 업계 사람들도 이 협정이 타이완에 끼칠 엄청난 해악을 깨닫고 앞다투어 반대에 나섰다. 이것이 바로 '반서비스무역협정운동'이다. 이 운동이 9개월 동안 이어졌음에도 불구하고 국민당이 장악한 국회는 협정을 강제로 통과시켰다. 이들의 강행 처리는 학생들이 국회를 점거하고 항의하는 사태를 불러왔고, 이것이 바로 잘 알려진 '해바라기(태양화)운동'이다. 50만 명이 거리로 쏟아져 나왔던 그날은 해바라기운동의 절정이었다. 나는 연단에 올라 연설을 시작하기 전, 잠시 눈을 감고 두 손을 모아 기도했다. 타이완을 지켜온 선조들이 우리에게 용기와 지혜를 주어 이 땅을 계속해서 지켜나갈 수 있도록 해달라는 기도였다.

그해는 내가 타이완에 온 지 40주년이 되는 해였다. 1974년 내가 타이완에 처음 도착했을 때에는 감히 상상도 못할 일이었다. 훗날 이곳에서 내 인생이 이렇게 펼쳐지고, 총통의 국책고문이 되어 결정적인 순간에 이토록 큰 사건에 직접 참여하게 될 줄을 말이다.

하지만 1974년 당시 나는 한 가지 분명한 확신이 있었다. 고등학교 졸업 후 내가 가야 할 곳은 바로 타이완이고, 나는 그곳에서 대학을 다니며 생활할 것이라고. 그때 내가 왜 꼭 타이완에 가야만 했는지 많은 사람들이 아직도 궁금해한다. 그때만 해도 타이완은 '자유 중국(Free China)'이라 불렸고, 화교였던 나의 부모님조차도 타이완에 가본 적이 없었다. 더구나 소아마비로 목발을 짚어야 하는 내가 집을 떠나 먼 곳으로 간다는 것은 쉬운 일이 아니었다. 태어나서 처음으로 가족과 익숙한 환경을 떠나야 했고, 심지어 화장실을 어떻게 이용해야 할지도 막막했다. 그러나 나는 전혀 걱정하지 않았다. 입버릇처럼 "때가 되면 다 해결되겠지[船到橋頭自然直, 배가 다리에 이르면 길이 자연히 열린다]"라는 말을 하면서 어떤 문제든 결국 해결책을 찾을 수 있을 거라고 믿었다.

그렇다면 나는 도대체 어디에서 이런 확신을 얻었을까? 나는 그 답을 아주 오랜 시간이 지난 후에야 깨닫게 되었다.

어둠이 내게 남긴 각인

1974년 9월, 나는 가슴에 주머니가 달린 파란 멜빵 청바지에 갈색과 오렌지색이 섞인 셔츠를 입고 부산에서 대한항공 비행기에 올랐다. 이 비행기는 일본 후쿠오카를 경유한 후 타이베이로 향했다. 오랜 세월이 지난 지금도 그 새 옷에서 풍기던 냄새를 기억한다. 후쿠오카 공항에서 환승할 때 같은 비행기를 탄 한 친구와 손짓 발짓을 섞어가며 우리가 곧 도착할 그곳의 모습에 대해 이야기했다. 흥분하며 대화하던 목소리의 높낮이조차 귀에 생생하다.

그날 밤 비행기가 쑹산공항에 도착했을 때는 이미 늦은 밤이었다. 같은 비행기를 타고 온 많은 친구들은 각자의 형제나 친척이 마중을 나와 데려갔다. 나는 원래 바로 국립타이완대학교로 가려 했지만 시간이 늦고 비도 내리고 있어서 한 친구의 제안을 따랐다. 그날 밤은 친구의 매형 집에서 머물고 다음 날 학교에 가기로 했다.

친구 매형이 주차장에서 차를 가지고 오는 동안 나는 공항 대합실 밖에서 기다렸다. 목발을 짚고 가로등 아래 서서 위를 올려다보았다. 가로등 위로 떨어지는 빗줄기들은 서로 다른 속도로 낙하하고 있었다. 일정한 높이 이상에서는 천천히, 마치 슬로모션처럼 유유히 내려오다가 그 높이 이하로 떨어지는 순간 갑자기 빠르게 얼굴을 향해 내리꽂혔다. 유유함과 급격함이 마치 단절된 듯하면서도 동시에 연결되어 있는 느낌이었다. 앞을 바라보니 가로등을 벗어난 바깥 세상은 온통 어둠뿐이었다. 차에 올라탄 후 우리가 가는 곳이 '화위안신청花

園新城'이라는 것을 알았다. 차창 밖을 바라보니 온통 칠흑 같은 어둠이 가득했다. 하지만 이상하게 가로등 밖의 어둠도 차창 밖의 어둠도 나를 두렵게 하거나 불안하게 하지 않았다. 나는 어둠을 바라보았다. 어둠과 마주하고 있어도 공포는 느껴지지 않았고, 어둠이 나를 삼킬 것 같다는 생각도 들지 않았다. 오히려 그 어둠 속에는 내가 아직 보지 못한 미래가 숨어 있는 듯하면서도 나를 반기는 것처럼 느껴졌다. 그 속에서 무언가 새로운 가능성이 꿈틀거리고 있는 듯했다. 더욱 기묘한 것은 내가 그 어둠 속에서 어떤 따뜻한 포옹을 받는 느낌이 들었다는 것이다.

그 후로 나는 늘 말해왔다. 그날 밤의 어둠은 너무도 깊고 거대했지만 내게 두려움이 아닌 따뜻함과 호기심을 안겨주었고, 마치 나를 감싸 안아주는 듯한 느낌이었다고. 그 인상이 너무도 강렬해서 내 마음속 깊이 새겨졌다. 그래서인지 나이가 아무리 들어도 내 마음 나이는 늘 18세에 머물러 있는 것만 같다.

나는 왜 그런 인상을 받았을까? 왜 어둠을 마주하면서도 공포가 아닌 따뜻함을 느꼈을까? 그때의 나는 그 이유를 알지 못했다.

수학과에서 경영학과로

어릴 때부터 몸이 불편했기 때문에 선생님들은 나에게 미래의 직업을 조언할 때 대부분 정적인 직업을 추천했다. 내가 이야기하는 것을 좋아하고 글도 곧 잘 쓰는 편이었기 때문에 어릴 때부터 글쓰기나 출판업에 종사하는 것이 좋겠다는 말을 종종 들었다. 하지만 나는 그런 조언을 전혀 받아들이지 않았다. 내게는 그런 말이 도장을 새기거나 시계 수리를 배우라는 조언과 다를 바 없었다. 너무 소극적이고 비관적이라고 생각했다. 도대체 누가 몸이 불편하다고 해서 반드시 글과 관련된 정적인 일을 해야 한다고 정했단 말인가?

그 당시 나는 아직 내 인생의 방향을 정확히 알지는 못했지만 한 가지는 확실했다. 글쓰기와 출판은 내 인생 계획에서 일찌감치 지워버렸다. 나는 수학과 물리를 좋아했기 때문에 고등학교 졸업 후 대학교는 자연과학대학에 진학해 물리학이나 수학을 전공하고 싶었다. 그러나 고3 2학기, 대학 입학시험을 불과 반년 앞둔 시점에서 교장 선생님이 나를 부르셨다. 내가 이과대학에 진학하는 데 문제가 있다는 것이다. 교장 선생님은 나에게 국립타이완대학교의 신입생 모집 요강을 보여주셨다. 자연과학대학 학과 목록 아래에는 작은 글씨로 다음과 같은 주석이 적혀 있었다.

일부 학과는 장애 학생의 학업 수행에 어려움이 있을 수 있음.

제한이 있긴 했지만 그 내용이 명확하지는 않았다. 교장 선생님은 이 규정이 나의 입학을 반드시 불가능하게 만드는 것은 아니지만, 만약 입학 후 문제가 생겨 결국 허가 받지 못한다면 다시 비행기를 타고 한국으로 돌아와야 할지도 모른다고 하셨다. 그 위험 부담이 너무 컸다. 그렇다면 어떻게 해야 할까?

교장 선생님은 문과 계열을 선택하라고 권하셨다. 그는 법학부와 경영학부에는 그런 제한이 없다고 말하며 모집 요강을 다시 보여주셨다. 확인해 보니 정말 제한이 없었다. 하지만 나보고 문과를 공부하라고? 나는 어릴 때부터 문과를 싫어했는데? 절대 싫었다. 교장 선생님은 다시 한번 신중히 고려해 보라고 하셨다. 나는 몇몇 선생님들을 찾아가 조언을 구했다. 대부분의 선생님들은 내게 계속해서 물리학과나 수학과를 목표로 삼고 도전해 보라고 격려해 주셨다. 어떤 선생님은 이렇게 말씀해 주셨다.

"내 기억에는 타이완대학의 등록처 창구가 아주 높아서 사람들이 줄을 서서 차례를 기다릴 때 네가 그 줄 속에 있으면 목발을 짚고 있다는 걸 위에서 보지 못할 수도 있어. 그렇게 하면 그냥 넘어갈지도 몰라."

하지만 나는 그 모험을 감행할 용기가 없었다. 결국 나는 문과계열 학과 중에서 상학계열(현, 경영학부)을 선택하기로 했다. 이 선택의 이유는 수학을 좋아했기 때문이며, 수학과에 진학하지 못한 아쉬움을 상학계열에서라도 채울 수 있으리라 생각했기 때문이었다. 이렇게 해서 나는 당시 타이완대학에서 가장 인기 있던 상학계열 국제무역학과에 진학하게 되었다.

그러나 타이완대에 도착한 후 나는 두 가지 사실을 발견했다. 첫째, 신입생 등록은 체육관에서 진행되었고, 등록처 직원들은 높은 창구 뒤에 앉아 있는 것이 아니라 긴 책상 뒤에 앉아 있었다. 둘째, 자연과학대학에서 나보다 더 심한 장애를 가진 학생이 휠체어를 타고 화학과에 입학하는 것을 보았다. 그래서 나는 오랫동안 자오 교장 선생님을 원망했다. 선생님이 내게 제공한 입학 정보가 부정확해서 내가 전혀 관심도 없는 학과를 선택하게 만들었다고 생각했다. 그러나 그 당시 알지 못했던 사실이 있었다. 경영학부에서 마지못해 수강했던 회계와 재무 관련 수업들이 훗날 내가 출판 및 문화산업에 진출하는 데 얼마나 유리한 기반이 되었는지를.

퇴학 위기에서 벗어나

대학 1학년 첫 중간고사 기간 중 어느 날, 기숙사로 돌아와 보니 누군가 종이를 태우며 제사를 지내고 있었다. 기숙사의 복도 끝방에서 동남아 출신 화교 유학생이 자살했다는 것이다. 자살 이유에 대해 여러 소문이 있었다. 시험 성적이 너무 나빠 낙담했다는 말도 있었고 실연 때문이라고도 했다. 아마도 낯선 타이완에서 혼자 생활하며 쌓인 여러 가지 압박이 한꺼번에 그를 짓눌렀을 것이다.

그때 나 또한 상당한 스트레스를 받고 있었다. 대학에 막 입학한 후 우선 화장실을 어떻게 이용해야 할지 몰라 곤란했다. 처음 며칠 간은 제대로 먹지도 못했다. 그리고 대학교 캠퍼스가 아주 커서 기숙사에서 1학년 수업이 진행되는 신생대학[新生大樓]까지 가는 길이 너무 멀었다. 목발을 짚고 혼자 걸어가기는 무척 힘든 일이었다. 이 두 가지 문제를 해결하지 못한다면 기숙사에 입주했다 해도 학업을 이어갈 수 없었을 것이다. 결국 짐을 싸서 다시 집으로 돌아갈 수밖에 없는 상황이었다.

다행히도 나의 '때가 되면 해결된다'라는 신념은 이번에도 유효했다. 화장실 문제는 우연히 내가 신었던 철제 보조기가 몸을 지탱할 수 있는 구조라는 사실을 발견하면서 해결되었다. 교실에 가는 문제는 같은 기숙사에서 생활하던 캉지창康積強이라는 친구 덕분에 해결할 수 있었다. 그는 인천에서 온 교포로 치과대학에 다녔다. 원래 서로 알지 못하는 사이였지만 매일 아침 기꺼이 자전거로 나를 신생대학 건물까지 데려다 주었다. 그가 그렇게 따뜻하고도 아낌없이 도움을 준 것은 영원히 잊을 수 없는 일이다. 결국 나는 학업을 계속 이어갈 수 있었다.

하지만 수업에서도 문제가 있었다. 처음부터 내가 원하는 학과가 아니었던 상학계열에 전혀 흥미를 느끼지 못했고 당연히 성적도 좋지 않았다. 타이완에 오기 전에는 여기가 내가 '돌아갈 곳'이라고 굳게 믿었지만 실제로 도착하고 나서는 현실과 상상 사이에 큰 차이가 있다는 걸 깨달았다.

1983년 전두환 대통령이 동남아를 순방하던 중 미얀마에서 아웅산 폭탄 테러가 발생해 여러 내각 인사가 사망하거나 부상을 당했다. 당시 한국에 있던 친구가 들려준 이야기가 있다. 전두환 대통령이 암살 위기를 모면하고 귀국한 직후 곧바로 방송국에 지시하여 한국 화교에 관한 보도를 준비하게 했다고 한다. 그는 동남아 순방 중 각국의 화교들이 가진 경제력과 정치적 인맥에 놀라 한국 내 화교의 상황이 어떤지 알고 싶어 했다는 것이다. 식당을 운영하던 그 친구는 웃으며 말했다.
"한국 화교는 자장면 파는 사람들인데 걱정할 필요 없지!"
한국에서 화교가 동남아처럼 발전하지 못한 이유는 한국 사회가 화교에 대해 줄곧 경계심을 가졌기 때문일 것이다. 중공(중국 공산당)이 한국전쟁에 깊숙이 개입했던 탓에 전쟁 이후 중공에 적대적인 입장을 가진 대부분의 화교들조차 경제적으로 많은 제약을 받았다. 심지어 어렸을 때 길거리에서는 자주 '대국놈[大國奴]'이라는 말을 들었다. "중국은 그렇게 큰 나라면서 왜 우리나라에서 사냐?"는 뜻이었다. '대국놈'이라는 말은 마치 '망국놈'과 같은 멸시의 의미를 담고 있었다. 화교는 한국에서 주변인으로 살 수밖에 없었고, 그래서 다음 세대가 한국을 떠나기를 바랐다. 타이완은 남쪽에 위치해 있고, 대부분 산둥에서 온 한국 화교들과는 거리가 있었지만, 우리가 돌아가야 할 곳은 중국 본토가 아닌 '자유 중국'으로 불리는 타이완이었다. 중국 대륙은 이미 '공비(공산비적)'가 점령한 땅으로 여겨졌다.

하지만 막상 타이완에서 생활해 보니 적응이 어려웠다. 우리는 '교생(화교학생)'으로 불렸고, 타이완에서 나고 자란 학생들은 '본토생'으로 불렸다. 본토생은 다시 본성인과 외성인으로 나뉘었지만 통칭해서 '본토생'이라 불렸다. '교생'과 '본토생'은 이름뿐 아니라 사용하는 언어도 달랐다. 한국에서 온 화교 교생들은 산둥 방언을 썼고, 본토생은 유창한 '국어' 또는 '민남어(타이완어)'를 사용했다. 교생은 국어조차 능숙하지 못해 산둥 억양이 묻어났다. 교생과 본토생은 마치 서로 다른 세계의 사람들이었다. 그래서 교생 중에 국어를 열심히 배우려는 이가 있으면 오히려 '배신자' 취급을 받기도 했다.

문화적 충격도 많았다. 어느 날 기숙사 친구의 초대로 신주에 있는 친구 집에 갔는데 친구가 부모 앞에서 담배를 피우는 것이었다. 이 모습을 보고 너무 놀라 친구를 쳐다보지도 못했다. 반면 본토생들은 우리가 어른 앞에서는 술을 마실 때도 고개를 돌려 예의를 갖춘다는 얘기를 듣고 매우 신기해했다.

이렇듯 동경했던 타이완에 왔지만 우리는 여전히 이방인이었던 셈이다. 그래서 교생들끼리 자주 모였고, 부산에서 같이 온 친구들뿐 아니라 한국의 다른 지역에서 온 교생들과도 자주 어울렸다. 특히 남학생들은 처음 집을 떠나 손에 돈도 조금씩 있으니 술 마시고 노는 데 금방 돈을 다 써버리고는 집에서 송금해주길 기다리곤 했다. 술을 마시면 가장 좋아하던 노래가 조용필의 <돌아와요 부산항에>였다. 어느 날 밤 타이완대학 맞은편의 훠궈 거리에서 술을 마시고 캠퍼스로 돌아와 야자수 길을 따라 걸으며 그 노래를 목청껏 불렀던 기억이 아직도 잊히지 않는다.

이렇게 지내다 보니 생활비는 항상 부족했고, 공부도 제대로 하지 않아 2학년 때는 낙제 과목이 너무 많아 퇴학 직전까지 갔다. 이 경험은 나를 크게 깨닫게 했다. 이렇게 계속 한국 화교 친구들과 어울리다 보면 서로 위로하며 버티는 것이 아니라 결국 공멸하겠다는 생각이 들었다. 그래서 나는 두 가지를 결심했다. 첫째, 화교 유학생들과의 지나친 교류를 줄이고 본토생 친구들과 더 많이 어울릴 것. 둘째, 학업에 좀 더 집중할 것.

타이완 현지 친구들과 자연스럽게 어울리게 된 것은 어느 날 갑자기 표준 국어를 유창하게 말하면서부터였다. 어느 한여름 오후, 정신이 아찔할 정도로 뜨거운 날이었다. 나는 너무 더운 나머지 걸으면서 속으로 숫자를 세기 시작했다.

"하나, 둘, 셋, 넷, 다섯, 여섯, 일곱, 여덟, 아홉, 열."

그렇게 숫자를 반복해서 세다가 문득 '여덟[八]'이라는 단어를 발음할 때 표준 국어에서는 '바(팔, bā)' 1성(一聲)이 되어야 한다는 사실을 깨달았다. 하지만 산둥 방언에서는 3성으로 발음된다. 즉 산둥 방언의 억양을 유지한 채로 계속 국어를 말한다면 발음을 제대로 교정할 수 없는 것이다. 이것을 깨닫는 순간 마치 숨겨진 '언어의 스위치'를 발견한 듯한 기분이었다. 그 스위치를 켜자 방 안의 불이 환하게 켜지는 것처럼 나는 산둥 방언과 표준 국어의 차이를 한순간에 이해했다. 이전까지 틀리게 발음했던 단어들의 억양을 즉시 수정할 수 있었다. 마침내 표준 국어를 유창하게 구사할 수 있게 된 것이다.

나를 다시 만난 본토생 친구들은 깜짝 놀라며 물었다.

"도대체 무슨 일이 있었던 거야? 어떻게 갑자기 국어를 이렇게 잘하게 된 거야?"

그 순간 나는 비로소 타이완이라는 사회 속으로 온전히 들어갈 준비가 되었다는 것을 깨달았다.

황당한 시절과 배수진

대학교 3학년, 4학년이 되면서 나는 점점 타이완 사회에 스며들기 시작했다. 일부러 한국 화교 유학생들과 거리를 두고 타이완 본토생 친구들과 많이 교류했다. 다른 나라에서 온 교포 유학생들과도 교류하게 되었다.

그런데 4학년 2학기, 나는 예상치 못한 황당한 세계로 들어가게 되었다. 취직 준비를 위해 시먼딩의 한 신축 건물에서 친구들과 작은 원룸을 빌려 살게 되었다. 그러면서 본격적으로 취업을 준비했다. 당시 타이완은 무역산업이 급성장하던 시기였고, 사람들은 "타이완대학 상학계열 국제무역 전공이면 취업은 식은 죽 먹기"라고 했다. 그러나 직접 부딪혀 보니 이 말은 반은 맞고 반은 틀렸다. 이력서를 제출하면 면접 일정은 빠르게 잡혔지만 실제 면접장에 가서 목발을 짚고 있는 나를 본 면접관들은 하나같이 "다시 일정을 조정해 연락하겠다."고만 말했다. 이렇게 세 번의 면접에서 같은 경험을 반복한 후 나는 이 길이 막혀 있다는 것을 실감했다. 결국 두 명의 친구와 함께 작은 무역회사를 창업하기로 결정했다. 그중 한 친구는 과거 직장 덕분에 해외 바이어 명단을 갖고 있었다. 그러나 결과는 뻔했다. 사업을 시작한 지 3개월 만에 문을 닫았다. 대학 졸업 후 처음 한 일이 돈을 벌기는커녕 빚만 진 것이었다.

그즈음 내가 살던 건물에 새로 이사 온 이웃들과 친해졌다. 그들은 남녀 할 것 없이 도박꾼, 조직폭력배, 유흥업소 여성 등이었다. 처음에는 그들과 어울리지 않았지만 호기심에 조금씩 다가가다 보니 결국 밤낮없이 함께 어울리게 되었다.

그해 겨울 타이완에서는 수많은 굵직한 사건들이 터졌다. 하지만 그 모든 것이 나와는 아무런 관련이 없었다. 며칠 동안 술에 취해 지내다가 오후 늦게 겨우 정신을 차리고 하루 세 끼를 한 끼로 때우려 밖으로 나섰다. 거리의 분위기가 심상치 않다는 것을 느꼈다. 그제야 알았다. 미국이 타이완과 단교했다는 사실을. 하지만 그 충격적인 뉴스도 내 삶에는 별다른 영향을 미치지 않았다. 그날 밤 어딘가에서 윈먼雲門 무용단이 가오슝 자이嘉義에서 <신전(薪傳)> 초연을 올리고 있을 때 나는 전기와 수도가 끊긴 작은 원룸으로 돌아와야만 했다. 그곳은 술과 싸구려 향수 냄새 그리고 곰팡이 슨 카펫 냄새가 뒤섞인 어두운 방이었다. 나는 점점 더 나락으로 빠져드는 것을 똑똑히 지켜보면서도 아무런 저항도 할 수 없었다. 모든 이상과 목표가 사라졌고, 앞으로 나아갈 길도 뒤로 돌아갈 길도 없는 상태였다. 몸부림칠수록 더 깊이 빠지는 늪 속에서 허우적댔다.

그때 나는 빚을 갚기 위해 새로운 방법을 생각해냈다. 친구에게 돈을 빌려 한국으로 가서 '단방(單幫)'을 뛰어보기로 했다. 단방이란? 타이완에서 한약재를 한국으로 가져가 팔고, 다시 한국에서 담요를 사서 타이완으로 가져와 판매하는 방식으로 이익을 노리는 일종의 밀수 무역이었다. 다른 사람들은 단방으로 돈을 벌었지만 나는 오히려 전 재산을 날렸다. 한국에서 한약재를 산 바이어가 돈을 한꺼번에 주지 않고 조금씩 나눠서 지급하는 바람에 나는 본래 일정을 변경할 수밖에 없었다. 원래는 한약재를 판 후 즉시 담요를 사서 타이완으로 돌아가야 했지만 결국 서울에서 한 달 동안 발이 묶이고 말았다.

그렇게 가진 돈을 전부 탕진하고 서울 거리에서 방황하는 신세가 되었다. 때로는 싸구려 여인숙에 머물렀고 때로는 친구 집을 전전하며 빌붙어 지냈다. 그 시절 가장 선명하게 기억나는 한 장면이 있다. 한겨울 대설이 내린 어느 날 서울 지하도 입구에 있는 작은 레코드 가게 앞에서 무료로 음악을 들으며 햇볕을 쬐던 순간이었다. 그 순간만큼은 내게 길거리에서 방황하던 시절 유일하게 행복했던 기억으로 남아 있다.

그러던 중 친구가 내게 조언했다.

"어차피 타이완에서 일자리를 찾기 힘들면 차라리 부산으로 돌아가서 화교학교 교사로 일하는 게 어때?"

"우선 생활을 안정시키고 타이완에서 진 빚을 천천히 갚으면 되지 않겠어?"

하지만 나는 그렇게 할 수 없었다. 부끄러워서 부산으로 돌아갈 수 없었다. 나는 무조건 타이완으로 가야 했다. 하지만 이제 비행기표를 살 돈조차 없었다. 그때 한 사람이 내게 무료 비행기표를 받을 수 있는 방법을 알려주었다.

당시 한국에서 태어난 화교들은 공민권(시민권)은 없었지만 한국에서 '영주권'은 부여받았다. 한국의 영주권을 포기하고 타이완으로 '영구 귀국'한다면 일종의 특혜로 면세품을 추가로 반입할 수 있는 권한이 주어졌다. 나는 이 면세 혜택을 다른 사람에게 넘기는 대가로 비행기표를 얻었다. 즉 나는 타이완에서 다시 일자리를 찾지 못하면 한국으로 돌아갈 수도 없었고, 그 어떤 안전망도 없이 완전히 새로운 삶을 개척해야 하는 상황이 된 것이다.

어릴 때부터 나는 '배수진을 치고 죽을 각오로 싸우는 것', '죽음의 경지에 이르러야 비로소 살아갈 길을 찾을 수 있다'는 말들이 주는 어떤 아름다움을 느껴왔다. 그래서 나는 별다른 고민 없이 영주권을 포기하고 타이완으로 돌아가기로 결정했다. 이렇게 나는 단돈 한 푼 없이 다시 타이완 땅을 밟았다.

믿기 어려운 행운

행운의 여신은 언제나 예상치 못한 순간에 찾아오는 법이다. 1979년 봄, 나는 다시 타이베이로 돌아왔다. 그리고 신기하게도 행운의 여신이 연달아 내 앞에 나타났다.

첫 번째 행운. 류야오중柳耀中이라는 친구가 싱룽루에서 월세로 방을 구해주어 그 덕분에 나는 거처를 마련할 수 있었다. 그뿐 아니라 그는 가끔씩 나에게 돈을 보내 굶주리지 않도록 도와주었다. 하지만 여전히 취업의 기회는 보이지 않았다. 나는 절망하지는 않았지만 매일 아침 해가 동쪽에서 떠올라 오후가 되면 서쪽으로 지는 반복되는 나날을 보냈다.

두 번째 행운. 정리수鄭麗淑라는 집주인을 만났다. 처음에는 단순히 내게 방을 빌려주는 집주인일 뿐이었지만 시간이 흐르면서 나의 미래를 걱정해 주었다. 그녀는 당시 타이완 계엄시대의 민주화운동을 주도했던 중요한 잡지 중 하나인《80년대》에서 일하고 있었다.

당시 타이완에는 장차오長橋라는 활력 넘치는 출판사가 있었는데, 이 출판사의 사장 덩웨이전鄧維楨 또한 민주화운동을 적극 지지하며《80년대》에 자주 들렀다. 정리수는 장차오출판사에서 영어 소설을 번역할 사람을 찾고 있다는 소식을 듣고 나를 추천해주었다. 다행히 번역 시험에서 합격했다. 이렇게 해서 나는 생계를 해결할 수 있었을 뿐만 아니라 번역가라는 새로운 길을 걷게 되었다.

장차오출판사에서 4년 동안 근무하며 특약 번역가에서 편집자가 되었고, 이후 편집장으로 승진했다. 그 4년은 나에게

값진 배움의 기회를 제공했으며, 편집자로서의 기본을 다지는 데 큰 도움이 되었다. 또한 덩웨이전 사장이 민주화 운동가들과 긴밀히 교류하는 모습을 지켜보면서 타이완 계엄시대의 민주화운동과 그에 관련된 인물들을 더욱 깊이 이해하게 되었다. 이러한 경험은 훗날 내 인생에 중요한 영향을 미쳤다.

1983년, 천밍다陳明達 선생님이 새로운 과학기술 잡지를 창간하고자 나를 부르셨다. 이로써 나는 타이완 최초의 해외 라이선스 과학기술 월간 잡지인 《2001》의 편집장이 되었다. 이는 내 경력에서 중요한 도약이었다. 편집부를 총괄하는 역할을 맡았을 뿐만 아니라 국제 저작권 업무를 직접 접하는 경험도 쌓을 수 있었다. 이후 천 선생님은 여성·군사 등 다양한 주제의 잡지를 운영하며 사업을 확장했고, 나는 그 과정에서 풍부한 경험을 하며 많은 것을 배울 수 있었다.

3년 후 나는 스쯔이石滋宜 박사와 함께 일할 기회를 얻었다. 스 박사는 과학기술 및 경영 분야에서 폭넓은 경험을 쌓고 미국과 캐나다의 다국적 기업에서 근무한 후 1980년대 초 타이완 정부의 초청으로 귀국하여 '자동화 서비스단'을 설립했다. 이후 중국생산력센터 사장으로 취임하여 4,000개 이상의 중소기업이 성공적으로 업그레이드 및 전환토록 도왔다. 스박사는 오랜 역사를 지닌 월간 《생산력》을 전면 개편하고자 나를 편집장으로 임명했다. 나는 편집부를 총괄할뿐만 아니라 잡지의 광고 및 유통까지 책임지며 독립된 수익 센터를 운영하는 역할을 맡았다. 이전과 비교해 내 시야는 한층 더 넓어졌다.

그로부터 2년 후인 1988년, 나는 32세의 나이로 위지중余紀忠 선생님이 이끄는 중국스바오[中國時報] 그룹에 합류했다. 위 선생님은 타이완 언론계의 전설적인 분으로, 수십 년간 중국스바오를 운영하며 타이완의 정치·경제·문화 전반에 걸쳐 깊은 영향을 미친 입지전적인 인물이다. 위 선생님은 나에게 스바오출판사[時報出版公司] 사장직을 맡겼다.

스바오출판사는 타이완을 대표하는 대형 출판사로, 당시 신문사의 자원을 바탕으로 막강한 영향력을 자랑했다. 대학교 졸업 후 구직에 어려움을 겪던 내가 9년 동안 네 개의 출판사를 거치며 차근차근 성장하여 이 자리에 오게 된 것은 실로 믿기 어려운 행운이었다. 당시 타이완은 1987년 계엄 해제 이후 본격적인 민주화 시대에 접어들었고, 과거의 출판 금지 조치들이 모두 해제되면서 출판업계가 급속도로 성장하였다. 나는 스바오출판사에서 내가 꿈꾸던 다양한 출판 기획을 자유롭게 시도할 수 있었으며 여러 가지 새로운 도전에 나섰다.

예를 들어, 타이완이 수십 년간 계엄 통치를 받는 동안 마르크스의 《자본론》은 철저히 금서였다. 그러나 계엄 해제 이후 《자본론》 번역본이 타이완에서 처음으로 정식 출간되었는데 그 기획을 담당한 사람이 나였다. 무라카미 하루키村上春樹, 이탈로 칼비노Italo Calvino 등의 번역본을 타이완에 처음 소개한 것도 내가 기획한 프로젝트였다.

나는 단순히 한 출판사를 운영하는 것에 그치지 않고 타이완 출판업계를 국제적으로 성장시키기 위해 적극적으로 노력했다. 프랑크푸르트도서전(Frankfurt Book Fair)에 처음으로 타이완관을 마련해 참가했을 때, 그 실무를 총괄한 사람도 나였다. 타이완 최초의 저작권 중개 회사인 '빅애플(Big Apple)' 역시 내가 일본과 타이완 두 회사의 협력을 간접적으로 주선하면서 설립되었다.

나는 스바오출판사에서 8년 동안 근무했고, 1996년 퇴사 후 나의 출판사인 '다콰이문화[大塊文化]'를 창립했다.

한 방랑자의 이야기

한 남자가 있었다. 그는 자신이 어디로 가야 할지 몰랐다.

"네 체질에는 따뜻한 곳이 맞는다. 그러니 남서쪽으로 가라. 거기엔 네가 살기에 좋은 도시가 있다."

어릴 적, 그의 부모는 이렇게 말했다. 그리고 덧붙였다.

"그곳에는 어릴 때부터 정해진 약혼녀가 있다. 그녀는 너에게 좋은 배우자가 될 거다."

하지만 그는 원하지 않았다. 추운 곳에 도전하고 싶었다. 부모가 정해준 약혼녀도 싫었다. 자신이 진정으로 사랑하는 사람을 직접 찾고 싶었다. 그래서 그가 여행을 떠날 수 있는 나이가 되었을 때 부모가 말한 남서쪽이 아니라 동북쪽으로 향했다. 그러나 동북쪽의 길은 막혀 있었고, 하는 수 없이 동남쪽으로 방향을 틀었지만 그 길 또한 막혔다. 그는 목적 없이 떠돌았다. 정처 없이 계속 떠돌고 또 떠돌았다. 그러던 어느 날 한 도시에 도착했다. 그곳에서 일자리를 제안받아 머물기로 했다. 하지만 곧 깨달았다. 그곳이 바로 부모가 예전에 추천했지만 자신이 거부했던 그 도시라는 것을. 그뿐만이 아니었다. 결혼을 하고 생활이 안정되었는데

그의 배우자가 바로 부모가 정해준 약혼녀였다. 어쩔 수 없는 선택인가 운명인가?

결혼한 지 몇 년이 지나고 사람들은 그의 삶이 행복하고 완벽하다고 말했다. 그러나 그는 그렇게 생각하지 않았다. 이 모든 것이 단지 '어쩔 수 없는 선택'에 불과하다고 느꼈다. 그의 진정한 정착지는 다른 곳이고, 그가 진심으로 사랑할 사람도 따로 있을 것이라고 믿었다. 그래서 그는 진짜 길을 찾으려 두리번거렸다.

이 이야기의 주인공은 나다.

인생의 방향을 빨리 깨닫는 사람이 있는 반면 늦게서야 깨닫는 사람도 있다. 나는 후자였다. 어린 시절 앓은 소아마비로 몸이 불편했다. 하지만 글은 잘 썼다. 그래서 많은 사람들이 나의 미래에 대해 이렇게 조언했다.

"넌 작가가 되어야 해."

"출판업에 종사하면 좋겠다."

"움직이지 않아도 되는 정적인 직업이 너에게 맞을 거야."

하지만 나는 그런 말을 듣고 싶지 않았다. 어떤 일을 할지는 몰라도 적어도 작가나 출판과 관련된 일은 절대 하지 않겠다고 결심했다. 출판을 거부했던 나였다. 그러나 결국…… 삶이 막다른 길에 다다랐을 때 나는 번역을 통해 첫 직장을 얻었다. 그리고 점점 출판업계에서 자리를 잡게 되었다. 하지만 나는 여전히 출판은 나의 진짜 길이 아니라고 생각했다. 단지 생계를 유지하기 위한 수단일 뿐이었다. 그래서 계속 다른 가능성을 찾으려 했다.

1995년 말 내가 스바오출판사에서 7년간 일하고 있던 어느 추운 아침이었다. 너무 추워서 꼼짝하지 않고 있다가 무심결에 책장으로 손을 뻗어 책 한 권을 꺼냈다. 그 책은 전국시대 한비자(韓非子)의 저서였다. 교과서 외에는 처음으로 접하는 한비자의 글이었다. 그때 나는 이미 관리자 위치에 있었기 때문에 한비자의 경영 철학이 너무나 와닿았고, 무릎을 치며 감탄할 정도였다.

"이 사람은 경영을 완벽하게 정리해냈다!"

"완벽하다! 절대적이다!"

그러나 그날 아침 내가 진정으로 깨달은 것은 한비자의 철학이 아니었다.

'출판이라는 것은 정말 위대한 일이구나!'

출판이 없었다면 이런 소중한 지혜가 어떻게 전해질 수 있었을까? 책이 아니었다면 한비자의 사상이 2,300년이라는 시간을 넘어 어떻게 한겨울 타이베이의 한 독자와 소통할 수 있었을까? 나는 깨달았다. 출판이야말로 위대한 업이라는 것을. 출판이 있기에 세대 간의 지혜가 이어지고 동시대 사람들끼리도 생각을 공유할 수 있으며, 인류는 점점 더 진보하고 다른 동물과 확연히 구별될 수 있다. 나는 출판의 아름다움에 완전히 매료되었다. 출판이라는 것이 내 운명이었음을 그때서야 깨달았다. 마흔살이 되던 그날 아침, 오랜 세월 찾아 헤매던 인생의 방향이 '출판'이었다는 것을 깨달았다. 그리고 생각했다.

'나는 얼마나 운이 좋은가?'

30년 동안 거부해온 직업이 결국은 나를 향해 미소를 짓고 있었다. 출판을 싫어한다고 했지만 사실 나는 이미 출판이라는 세계에 깊숙이 들어와 있었다. 이것은 마치 억지로 결혼한 부부가 16년을 함께 살다가 어느 날 아침에 일어나 배우자를 바라보며 '아, 이 사람이야말로 내 운명이구나!'라고 깨닫는 것과 같았다. 그날 이후 나는 더 이상 출판에 대한 의심이 없었다. 그것이 내가 평생을 함께할 직업임을 확신했다.

반 년 후 나는 스바오출판사를 떠나야 했다. 그러나 망설이지 않았다. 바로 새로운 출판사를 설립하기로 결심했기 때문이다. 그것이 바로 '다콰이문화'의 시작이었다. 나는 운 좋은 방랑자였다. 긴 방황 끝에 결국 내가 있어야 할 곳에 도착했다. 나는 정말 행운아였다. 출판은 내 운명이었고 마침내 나는 그것을 받아들였다.

일 중독자의 진짜 모습

내가 첫 번째 번역 일을 찾았을 때부터 16년 후 진정한 사랑을 만날 때까지 나를 지탱해준 것은 행운뿐만 아니라 일에 대한 사랑이었다. 나는 출판업계에 들어가는 것을 늘 꺼려했지만 편집이라는 일 자체를 너무나 사랑했다.

편집이라는 작업은 때로는 대리석 조각과도 같다. 작품에서 불필요한 부분을 제거하여 그 안에 숨겨진 생생한 결을 드러내는 것이다. 때로는 화장하는 것과 같다. 세심하게 다듬어 주면서 그 아름다움을 더욱 빛나게 하는 화장! 편집은 내가 가장 좋아하는 삼각 기하학 문제를 푸는 것과도 비슷하다. 논리적으로 추리해야 하고 때로는 땅에 흩어진 구슬을 엮어 하나의 목걸이로 만드는 것처럼 보이기도 한다. 때로는 도살사가 소를 해체하는 것처럼 기존의 틀을 부수고 다시 조립하는 과정이기도 하다.

1984년 경 내 인생에 큰 영향을 준 일이 있었다. 당시《2001》잡지의 편집장이었던 나는 업무에 최선을 다했고, 사장이 내리는 불가능한 미션을 수행하기 위해 노력했다. 하지만 회사의 환경과 지원이 부족한 현실에 대해 동료들과 불평하며 술을 마시거나 가라오케에서 막 유행하던 노래를 부르는 것으로 스트레스를 풀었다. 그때 나는 이미 결혼을 했고 아이도 있었다. 인생은 그렇게 흘러가고 있었다.

그러던 어느 날 한 일본 출판사의 고위 간부가 회사를 방문했다. 저녁 식사 자리에서 나는 그에게

"왜 일본 출판업이 타이완보다 더 발전했을까요?"

라고 물었다. 그는 이렇게 답했다.

"일본인이 책을 더 좋아하기 때문이죠."

나는 다시 물었다.

"왜 일본인은 책을 그렇게 좋아할까요?"

"일본인은 위기의식을 더 강하게 느끼기 때문입니다."

또다시 물었다.

"왜 일본인은 더 큰 위기의식을 느끼죠?"

그가 웃으며 답했다.

"일본은 천연자원이 거의 없기 때문입니다."

나는 곧바로 반박했다.

"하지만 타이완도 천연자원이 거의 없잖아요."

그 순간 그는 미소를 지으며 말했다.

"하하, 하지만 타이완은 1년에 쌀을 세 번이나 수확할 수 있잖아요."

나는 충격을 받았다. 타이완에서 1년에 쌀을 세 번 수확할 수 있다는 사실이 일본인들에게는 부러움의 대상이 될 수 있다니…… 한 번도 생각해본 적이 없었던 일이다. 나는 이런 생각을 하게 되었다.

'국가가 그러하다면 회사도 마찬가지가 아닐까? 아무리 작은 회사, 아무리 열악한 환경에서도 우리만이 가진 강점이 있을지도 모른다. 그것이 우리가 강자들에게 부러움을 살 만한 무언가가 될 수도 있지 않을까? 강자가 약자를 인정하고 존중할 수 있다면 약자는 강자를 뛰어넘겠다는 야망을 가져야 하

지 않을까?'

그날 밤 나는 집에 돌아오자마자 현관에 쓰러지듯 누워 천장을 한참 바라보았다. 한두 시간 동안 아무 말도 하지 않고 가만히 있었다. 그것은 멍하니 있는 시간이기도 했지만 동시에 자신의 인생과 일에 대한 많은 인식과 태도를 빠르게 재구성하는 과정이었다.

그리고 다음 날부터 나는 더 이상 회사의 부족한 지원이나 환경에 대해 불평하지 않기로 했다. 그날을 기점으로 내 일에 대한 태도와 사고방식이 완전히 달라졌다. 나는 점점 시간과 장소를 가리지 않고 '일이란 무엇인가?', '일의 의미는 무엇인가?'를 생각하게 되었다. 그리고 직급이 올라갈수록 전력을 다해 일하는 즐거움을 만끽했다. 어느 순간 나는 두 달 동안 하루 두세 시간만 자며 일하는 극단적인 상황에까지 이르렀다. 신경 쇠약의 초기 증상이 나타났지만 그조차도 감수할 정도로 일에 몰두했다.

그리고 5년 뒤 1989년, 또 한 번의 전환점이 찾아왔다. 뜻밖의 계기로 심각한 척추 기형과 변형이 있음을 발견하였다. X-ray 사진을 보는 순간 말문이 막혔다. 의사는 내게 말했다.

"더 이상 일하지 않는 것이 최선입니다."

"당장 사직하고 집에서 가능한 한 엎드려 지내세요. 그렇지 않으면 척추가 버티지 못하고 더 심각한 손상을 입을 겁니다."

나는 깊은 고민 끝에 하와이의 외딴 섬으로 혼자 떠났다. 그리고 스스로에게 질문을 던졌다.

"더 오래 살기 위해 일하지 않을 것인가 아니면 현재의 삶을 그대로 즐기다가 척추가 무너지는 순간을 맞이할 것인가?"

일주일간 고민한 끝에 나는 후자를 선택했다. 단지 몇 년 더 살기 위해 내 삶을 제한하는 것보다는 지금 이 순간을 온전히 그리고 뜨겁게 불태우기로 했다.

그렇게 36년이 흘렀고 나는 아직 살아 있다. 하지만 내 척추 문제는 여전히 해결되지 않았다. 나는 자주 "살을 빼야 해!"라고 말하지만 사실 그것은 미용 때문이 아니라 건강을 위해서이다. 그럼에도 불구하고 나는 여전히 일하는 속도를 줄이지 못한다. 그것은 성격 때문이기도 하고 그날 밤의 깨달음 때문이기도 하다. 삶이 이렇게나 불확실한데 주어진 시간을 최대한 활용해야 하지 않겠는가?

젊었을 때 나는 "일이 나에게 충분한 돈과 즐거움을 주는

가?"에 집중했다. 하지만 점점 더 "나는 일을 통해 무엇을 깨닫고, 어떤 가치를 증명할 수 있는가?"에 관심을 갖게 되었다.

나는 어떤 주제든 일과 연결해서 생각하는 습관이 있다. 그래서 많은 사람들이 나를 "일 중독자"라고 부른다. 하지만 나는 그 말을 부정한다. 나는 단지 일을 통해 너무나 많은 것을 배웠고, 너무나 많은 혜택을 받아왔기에 일에 대한 깊은 감사만을 느낄 뿐이다.

일 덕분에 나는 무지에서 깨어 세상을 넓게 보게 되었다.

일 덕분에 나는 극단적인 성격을 바꾸고 온화함을 배웠다.

일 덕분에 나는 조급함을 버리고 차분함을 배웠다.

일은 내 인생에 필요한 모든 것을 주었다.

마침내 아버지를 이해하다

나이가 들고 일에 대한 경험이 쌓이면서 나는 비로소 아버지가 내 인생에서 어떤 의미를 가졌는지 깨닫게 되었다. 그때 나는 이미 마흔이 넘은 나이였다.

아버지는 산둥 출신이었다. 1920년대, 열 살이 조금 넘은 나이로 생계를 위해 혼자 집을 떠나야 했다. 1949년 이후 아버지는 한국에 정착했다. 대부분의 한국 화교들은 식당을 운영했지만 아버지는 그 길을 선택하지 않았다. 젊은 시절 상하이 상행(商行)에서 견습 생활을 했기 때문에 한국에서도 무역업에 종사했다. 특히 한국전쟁 이후 사업은 나날이 번창했다.

내가 어릴 때 본 가장 오래된 사진 속에서 아버지는 홍콩과 일본을 오가며 비행기와 지프차 위에서 멋지게 포즈를 취하고 있었다. 내가 처음 접한 장난감 중 하나는 아버지가 수집한 각종 파커Parker 명품 만년필들이었다. 그래서였는지 당시 한국 이웃들이 나를 가리키며 "저 아이, 부잣집 아들이야."라고 속삭였다. 그리고 사람들은 소아마비에 걸린 이 아들을 위해 그 부자가 얼마나 많은 돈을 쏟아부었는지를 안타까워했다.

"알아? 네 아버지가 너를 금으로 만들어도 그 높이는 네 키보다 더 클걸."

나는 자라면서 이런 말을 수도 없이 많이 들어야 했다. 사람들은 또 한탄했다. 그 부자가 어떻게 그렇게 한순간에 무너져버렸는지를.

내가 두세 살이었을 때, 먼 친척 중 한 분이 나를 위해 유명한 의사들을 찾아다니며 꽤 능력을 발휘했다. 아버지는 그를 신뢰했고, 그의 소개로 새로운 사업 기회를 찾았다. 아버지는 부산 시내에서 가장 번화한 곳에 관광호텔을 세우기로 했던 것이다. 하지만 호텔이 완공되기 전 아버지는 누군가에게 속았다. 정확히 어떤 함정에 빠졌는지 단 한 번도 말한 적이 없었지만 나는 주변 사람들의 이야기를 통해 아버지가 막대한 돈을 사기당했고, 책임을 져야 할 사람들은 모두 사라지고 결국 아버지만이 남은 재산을 전부 팔아 뒷수습을 했다는 사실을 알았다.

아버지와 관련한 내 유년기의 한 장면이 또렷하다. 어느 비 오는 오후 나는 45도 각도로 고개를 들고는 아버지가 집 전화기를 들고 밖으로 나가는 모습을 바라보고 있었다. 그 후로 아버지는 더 이상 부자도 화교 사회의 큰 인물도 아니었다. 그나마 자신의 집만은 지켜낼 수 있었던 것이 유일한 위안이었다.

아버지는 붓글씨를 잘 썼고 주판을 능숙하게 다뤘다. 그래서 한동안 외지에서 회계를 담당하는 일을 하며 생계를 유지했다. 어린 시절 아버지가 자주 여러 지역을 돌아다녔기 때문에 어머니는 나를 데리고 높은 언덕 위에서 저 멀리 지나가는 기차를 바라보며 아버지를 기다리곤 했다.

어머니가 돌아가신 후 아버지는 부산으로 돌아왔다. 부산 화교협회에서 회비를 걷는 일을 맡으셨는데, 당시 화교 상점들이 협회에 내는 회비는 금액이 아주 적었다. 아버지는 매일 버스를 타고 부산 전역을 돌며 회비를 징수했다. 비록 회비 액수는 적었지만 아버지는 한 푼도 틀리지 않도록 꼼꼼히 회계를 정리했다. 아버지는 저녁마다 계산에 집중하다가 마지막에 주판을 힘차게 튕기며 말씀하셨다.

"아휴, 한 푼도 틀리지 않았군!"

그렇게 해서, 내가 성장하던 시절 내내 아버지는 예전의 한 끼 접대 비용에도 못 미치는 월급과 약간의 셋방 수입으로 근근이 가정을 꾸려나가셨다.

그 시절을 떠올릴 때 가장 깊이 남아 있는 인상은, 그처럼 보잘것없는 직장임에도 불구하고 아버지가 매일 아침 정갈한 양복에 눈부시게 하얀 셔츠, 빛나는 넥타이까지 갖춰 입고 출근하셨다는 것이다. 비가 오나 눈이 오나, 무더운 여름이든 혹한의 겨울이든, 그 단정함에는 단 한 번의 흐트러짐도 없었다.

고등학생이 되면서 나는 점점 아버지에게 불만이 쌓였다. 어느 날 친구가 자기 아버지가 사업 실패 후 다시 부자가 된 이야기를 들려주었다. 그 순간 나는 의문이 들었다.

'왜 우리 아버지는 오십이 넘어서 한 번 넘어졌다고 다시 일어서지 못한 걸까?'

아버지가 매일 몇 푼 되지도 않는 회비를 받으러 다니고, 저녁이면 그 작은 돈을 일일이 확인하는 모습이 너무나 한심해 보였다. 나는 아버지가 과거에 정말로 능력 있는 무역상이었는지조차 의심했다.

'아버지는 왜 다시 성공하지 못하는 걸까?'

'왜 작은 돈 모으는 것만으로 만족하는 걸까?'

'왜 사람들이 글씨를 부탁하면 그저 기뻐하는 걸까?'

아버지는 나의 미래를 걱정하며 끊임없이 신중하고 조심스럽게 살아야 한다고 말씀하셨다. 나는 그런 말들이 지겨웠고 아버지가 자신의 아들에게조차 믿음을 주지 않는다고 느꼈다. 우리는 두 차례 크게 다툰 후 오랫동안 냉전 상태가 되었다. 그리고 나는 타이완으로 떠났다.

내가 온갖 무지하고 불효한 행동을 저질렀지만 다행히도 아버지의 말년에 다시 아버지 곁으로 돌아갈 수 있었다. 사실 아버지는 늘 나를 기다리고 계셨고 돌아가지 않은 건 오롯이 나 자신이었다. 나는 아버지와 다시 마음을 나누게 되었다. 비록 여전히 서로 다른 곳에 살고, 아버지의 말수는 점점 줄어들었지만 우리는 마음으로 완전히 소통할 수 있었다. 나는 과거 아버지가 당했던 사기 사건에 대해 이야기해 달라고 몇 차례나 말했지만 아버지는 그저 미소만 지을 뿐이었다.

아버지는 큰 병치레는 없었으나 79세되던 어느 봄날 오후, 내가 보낸 한 통의 편지를 읽은 후 낮잠을 주무시다가 영면에 드셨다. 아버지를 진정으로 이해하기 시작한 것은 아버지가 돌아가시고도 오랜 시간이 흐른 후였다.

내가 8년 동안 몸담았던 직장을 떠난 그해였다. 처음에는 깊은 좌절감을 느꼈다. 어느 날 집안의 조상 위패 앞에서 향을 피우고 앉아 있는데, 아버지가 미소를 지으며 내 어깨를 두드리는 듯한 느낌을 받았다. 그리고 이렇게 말하는 듯했다.

"헤이, 아들. 괜찮아. 이제 네가 마흔 살이 되었으니 너도 이 위기를 어떻게 극복하는지 나에게 보여줄 차례야."

그 순간 나는 온몸이 부끄러움으로 가득 찼다. 마침내 아버지를 점점 더 깊이 이해할 수 있게 되었다. 아버지가 왜 과거의 실패와 몰락에 대해 끝내 말하지 않았는지 이해하게 되었다. 맨손으로 부를 쌓고 성공한 후 결국 소소한 회비를 걷는 일을 하며 생계를 이어가면서도 만족했던 이유를 이해하게 되었다. 나는 아버지가 그토록 사소한 일을 하면서도 매일 정장을 갖춰 입고 번쩍이는 구두를 신고 다녔던 이유 또한 이해하게 되었다.

진정으로 일하는 사람은 자신의 실수를 변명하지 않는다.

진심으로 일하는 사람은 가장 하찮은 일도 최선을 다한다.

최선을 다해 일하는 사람은 어떤 상황에서도 품위를 잃지 않고 당당하게 걸어간다.

성공과 실패는 결국 기회와 우연일 뿐이다.

나중에야 나는 아버지를 떠올릴 때 결국 아들이 아버지를 그리워하는 감정으로 돌아가게 되었다.

어느 날 택시에서 딸이 소아마비에 걸렸다는 기사님을 만났다. 그분의 딸은 1964년에 소아마비를 앓았으니 나보다 몇 살 어렸다.

"처음에는 단순한 감기인 줄 알고 해열제를 사 먹였어요. 그런데 아이가 일어나지 못하더군요. 무릎을 두드려도 반응이 없었어요. 그 순간 '끝났다. 소아마비구나.' 하고 생각했어요."

나는 그의 심정을 너무도 잘 알았기에 그의 말을 대신 이어 줄 수 있을 것 같았다.

"이 아이는 앞으로 어떻게 살아가야 하나?"

하지만 그는 예상과 전혀 다른 말을 꺼냈다.

"이제 우리 집 형편이 엉망이 되겠구나 싶었어요."

그가 말을 이었다.

"그 시절 영화 한 편이 1.6위안(타이완 달러)이었어요. 나는 기계 공장에서 일했는데 하루 20여 위안밖에 벌지 못했죠. 회사 사장이 산중三重 지역에 3층짜리 건물을 살 때도 총 가격이 4만 위안에 불과했던 시절이었어요. 그런데 내 딸의 치료를 위해 8천 위안을 썼으니…… 몇 년 동안 빚을 갚아야 했답니다."

나는 그가 계속 이야기하는 동안 머릿속엔 오로지 아버지 생각뿐이었다. 내가 소아마비를 앓게 되었을 때 아버지가 떠올린 건 돈이 아니었을 것이다. 아버지는 부유했기 때문에 당연히 돈 걱정은 하지 않았을 것이다. 하지만 역설적이게도 아버지는 나에게 너무 많은 돈을 썼고 결국 나로 인해 전 재산을 잃게 되었다.

처음으로 나는 뼈저리게 깨달았다. 나의 비틀어지고 뒤틀린 척추의 모든 마디, 모든 뼈 하나하나마다 아버지의 희생과 헌신 그리고 사랑이 새겨져 있다는 것을. 나는 정말로 아버지가 황금으로 빚어낸 자식이었다.

택시 안에서 나는 울음이 터지지 않도록 애써 삼켰다.

비로소 어머니를 떠올리다

아버지를 이해하기 시작했던 바로 그 무렵 나는 마침내 어머니를 향한 그리움을 되찾았다.

어머니는 산둥의 부유한 집안에서 태어나 고등학교까지 졸업하고, 바느질부터 요리까지 모든 일에 능숙했다. 그렇게 자라난 어머니는 키 크고 준수한 아버지와 결혼했다. 아버지는 사업을 점점 더 크게 키웠지만 결국 실패하고 말았다. 하루아침에 집이 몰락했어도 나는 유년 시절에 단 한 번도 결핍을 경험하지 않았다. 어머니는 나와 여동생을 세심하게 보살폈다. 어머니가 직접 재단해 만든 옷, 손수 뜬 스웨터는 물론 실크 이불에 수 놓인 용과 봉황, 산수화 무늬까지도 어머니의 손길이 닿지 않은 것이 없었다. 어머니는 뛰어난 솜씨로 한정된 가계비를 최대한 효과적으로 사용했다.

어머니와 함께한 초등학교 시절은 내 인생에서 가장 행복한 시기였다. 등하굣길마다 어머니가 나를 데리고 다녔고, 점심시간이면 나를 업고 집으로 돌아가거나 네 단짜리 원형 도시락을 학교로 가져와 주었다. 두 칸은 반찬, 한 칸은 밥, 또 한 칸은 국이었다.

우리 집에서 학교까지 가려면 경사 40도의 흙길을 내려가야 했다. 맑은 날에는 조심조심 걸어가면 괜찮았지만 비 오는 날이면 황토 진흙이 흘러내려 길을 완전히 막아버렸다. 우리는 먼 길을 돌아가야 했고, 결국 어머니는 그 사이에 더 빠른 지름길을 찾아냈다. 희미한 기억 속에서 나는 어머니와 여동생이 나를 데리고 작은 골목길을 가로지르던 장면이 떠오른다. 그 길은 좁고 어두웠으며 비가 오면 처마 끝에서 후드득 떨어지는 빗소리가 메아리치곤 했다.

어머니는 나를 위해 따뜻한 보온병 같은 세계를 만들어주었다. 밖에서 다칠까 봐 걱정했던 어머니는 내가 집에 머무는 걸 더 좋아하게 만들었다. 시험이나 서예 대회에서 상을 받으면 어머니는 내가 원하는 선물이 무엇인지 물었고 나는 늘 무협 소설을 빌려달라고 했다. 어머니가 무겁게 책을 들고 집으로 돌아오던 뒷모습은 이 글을 쓰는 지금도 눈앞에 선명하게 떠오른다.

하지만 어머니는 나를 과보호하지 않았다. 내가 장애가 있음에도 어머니는 생활과 인간관계에 대한 교육을 철저히 시켰다. 잘못을 저지르면 빗자루로 매를 맞았고, 더 큰 잘못을 하면 방에 들어가는 것이 금지되었다. 혹한의 겨울밤에도 마룻바닥에 무릎을 꿇고 벌을 서야 했다. 만일 내가 조금이라도 '바른 사람'의 면모를 갖췄다면 그것은 어머니가 나를 올바른 길로 이끌어 주신 덕분일 것이다.

중학교 1학년 1학기가 끝날 즈음 어머니는 자궁경부암을 발견하고 수술을 결심했다. 하지만 수술은 실패했고 결국 세상을 떠나셨다. 어머니가 아프다는 사실을 안 지 얼마 지나지 않아 일어난 일이었다. 아버지는 내가 몸이 불편하다는 이유로 병원에 가지 못하게 했고, 장례식에도 참석시키지 않았다. 그 짧은 시간은 내게 너무도 비현실적이었다. 그나마 선명하게 기억나는 몇 가지 장면이 있다.

하나는 어느 날 밤 잠에서 깨어났을 때였다. 방 안에는 불이 꺼져 있었고, 오직 촛불 하나만이 깜빡이고 있었다. 그 불빛을 등진 어머니가 나를 바라보고 있었다. 그녀의 눈물이 내 얼굴 위로 뚝뚝 떨어졌다.

또 하나는 어머니가 병원에서 검사를 받고 돌아온 날이었다. 나는 밖에서 놀고 있었는데 여동생이 달려와 재촉했다.

"엄마가 집에 오셨어. 얼른 가봐! 얼른!"

나는 한참 더 놀다가 늦게야 돌아갔다. 집에 들어갔을 때 어머니는 침상에서 등을 돌린 채 누워 있었다. 마치 화가 나서 나를 보지도 말을 걸지도 않는 것 같았다.

그리고 또 하나는 장례식에 다녀온 어느 아저씨가 눈이 붉어진 채 내게 말했던 장면이다.

"네 엄마의 관이 내려지지 않았어. 아무리 못을 박아도 들어가지 않더라. 그러다 네 아버지가 '당신 걱정하지 마, 내가 아이들 잘 돌볼게.' 하고 약속하자 그제서야 못이 박혔어."

그것이 전부였다. 어머니의 죽음을 나는 현실로 받아들이지 못했다. 어머니가 장난을 치는 것 같았다. 언제라도 문을 열고 무협 소설이 한가득 든 봉지를 들고 집에 들어올 것 같았다. 시간이 지나 어머니가 정말 세상을 떠났다는 걸 알게 되었을 때도 나는 특별히 슬퍼하거나 그리워하지 않았다.

그런데 진짜 그리움이 밀려온 건 어머니가 세상을 떠난 지 아주 오랜 시간이 흐른 뒤였다. 당시 나는 이미 중학교 2학년이 된 아들의 아버지였다. 그날 아들은 친구들과 놀러 나갔고 저녁 6시에 집에 오기로 약속했다. 나는 오후에 일하다가 깜빡 잠이 들었는데 깨어나 보니 이미 밤이 깊었고 집 안은 캄캄했다. 나는 어둠 속에 누운 채 아들이 왜 아직도 돌아오지 않는지 걱정했다. 그때 어머니의 기억이 주마등처럼 스쳐 들어왔다. 놀다가 늦게 집에 들어갔고, 어머니는 침대에 등을 돌린 채 말을 걸지 않았다. 그러자 기억의 물살이 갑자기 거대한 파도로 변해 나를 덮쳤다. 나는 자리에서 벌떡 일어나 캄캄한 방 안에서 목놓아 울었다. 그 순간 비로소 나는 어머니를 그리워했다. 어머니가 세상을 떠난 지 26년 만이었다.

러셀이 내게 들려준 말

부모님의 은혜를 진정으로 깨닫기까지 몇 년이 더 필요했다. 어느 날 나는 열여덟 살 때 내가 왜 혼자 부산을 떠나 용감하게 타이완으로 갔는지 드디어 알게 되었다.

타이완으로 온 것은 내 인생에서 가장 아름다운 결정 중 하나였다. 나에게 타이완은 약속된 땅이었다. 하지만 돌이켜 보면 그것이 허망한 환상이 되어버릴 가능성도 충분히 있었다. 다행히 하나씩 난관을 극복했지만 오랜 시간이 지나 다시 돌아보니 그 길이 얼마나 아슬아슬했는지 새삼 깨닫게 된다.

그렇다면 왜 나는 그토록 강한 결심을 하고 멀리 타이완까지 오려 했을까? 왜 나는 낯선 땅에서도 반드시 살아남을 수 있다고 확신했을까? 오랫동안 나는 그것이 '꿈'을 향한 열정 때문이라고 스스로에게 말해왔다. 그러나 2003년 친구와 대화를 나눈 후 러셀Bertrand Russell의 책 한 구절을 읽고 나서야 깨달았다. 내가 '꿈'을 향해 달려가도록 만든 것, 그 밑바탕에는 부모님의 사랑이 있었다는 사실을.

러셀은 《행복의 정복(The Conquest of Happiness)》에서 이렇게 말했다.

삶을 안전하다고 느끼며 살아가는 사람은 너무 극단적이지만 불안감 속에서 사는 사람보다는 훨씬 더 행복하다.

이러한 안전감의 근원은 주로 한 사람이 '주는' 사랑이 아니라 '받는' 사랑에서 온다.

부모의 사랑을 듬뿍 받은 아이는 그것을 당연하게 여긴다.

그 사랑이 그의 행복에 있어 얼마나 중요한지 모르고 그는 세상을 궁금해하며, 앞으로 펼쳐질 자신의 탐험을 기대하며, 어른이 되어서도 더욱 놀라운 모험을 펼칠 날을 기다린다.

하지만 이 모든 흥미로운 기대의 바탕에는 부모의 사랑이 자신을 보호해줄 것이라는 확신이 깔려 있다.

그렇다! 어린 시절부터 부모님의 사랑 덕분에 나는 집 안에서 남들의 시선을 피해 숨을 필요가 없었다. 그 사랑 덕분에 나는 정상적인 성장과 학업을 누릴 수 있었다. 부모님과 함께 있을 때는 안전함을 느꼈으며, 그들을 떠나게 되었을 때도 불안하지 않았다. 그래서 나는 언제나 다른 사람들과 자유롭게 교류할 수 있다고 믿었다. 내가 다른 사람을 어떻게 대하든 그들도 나를 같은 방식으로 대할 것이라 믿었다.

부모님의 사랑 덕분에 나는 부산을 떠나 태평양을 건너 미지의 땅으로 향하면서도 그곳에서 여태껏 만나온 모든 이들처럼 따뜻하고 진실한 사람들을 만날 것이라는 확신을 갖고 있었다. 그리고 생활 속의 작은 불편함들은 결코 나를 좌절시키지 못할 것이라 믿었다. 나는 거절당하거나 실패한다고 해서 걱정할 이유가 없었다. 나는 어떤 부족함 때문에 결핍을 느낄 필요도 없었다.

부모님의 사랑을 이미 알고 있었지만 그 사랑이 내 삶에 어떤 작용을 했는지 깨달은 것은 그때가 처음이었다. 내가 부모가 되어 어둠 속에서 아이를 기다리며 느낀 바로 그것에서……

그리움의 의미

부모님의 은혜를 진정으로 깨닫고 난 후 나는 오랫동안 공적인 자리에서 그들에 대해 이야기할 엄두를 내지 못했다. 그들을 떠올리며 10초 이상 말하기만 해도 나도 모르게 오열해 버릴 것 같았기 때문이다. 특히 어머니를 떠올릴 때는 더욱 그랬다.

어느 날 한 가톨릭 수녀님께서 내 마음의 매듭을 풀어주셨다. 바로 바울라Paula 수녀님이었다.

올해로 수녀님은 은수자의 길을 걸어온 지 69년이 되었고, 비록 아흔아홉 살의 고령이지만 여전히 매우 유연한 몸과 맑은 정신을 유지하고 있다.

나는 불교 신자이고 바울라 수녀님은 가톨릭 신자다. 그러나 우리의 신앙이 다르다고 해서 교류에 방해가 된 적은 단 한 번도 없다. 수녀님은 속세와 단절된 수도 생활을 하고 있지만 그 누구보다 총명하고 지혜로웠다.

내가 가장 감사했던 것은 어느 날 수녀님이 내게 가르쳐 준 '그리움의 의미'였다. 나는 부모님의 사랑을 너무 늦게 깨달았다. 그래서 한동안 그 생각을 억누르며 살아야만 했다. 조금이라도 오래 떠올리면 감정을 주체할 수 없었고, 눈물이 터져 나오면 통제할 수 없었다. 사람들 앞에서든 혼자 있을 때든 마찬가지였다.

그날 바울라 수녀님과 어머니 이야기를 하다가도 나는 또다시 무너졌다. 그러나 이번에는 피하지 않았다. 철창 너머 수녀님을 마주 보고 그대로 펑펑 울었다. 끊어질 듯 이어지는 울음 속에서 나는 내 후회를 있는 그대로 털어놓았다. 수녀님은 조용히 내 눈물을 바라보다가 이렇게 말씀하셨다.

"그렇게 슬퍼하지 마세요. 당신이 어머니를 이렇게까지 그리워한다는 건 어머니가 늘 당신 곁에서 떠나지 않았다는 뜻이에요. 당신이 울 때 어머니는 그 옆에서 당신을 위로하고 계실 거예요."

그 순간 수녀님의 말씀이 내 마음을 환히 밝혔다. 나는 오랫동안 어머니를 다시 만지고 싶었고 꿈에서라도 보고 싶었다. 그러나 이제 깨달았다. 어머니를 떠올리며 가슴이 북받쳐 오를 때, 눈물이 흐를 때, 그 순간이 바로 어머니를 만나는 순간이었다는 것을.

다음 날 나는 바울라 수녀님께 감사의 편지를 썼다.

이제는 언제든지 마음 가는 대로 어머니를 그리워할 수 있습니다.

그리울 때면 어머니가 내 머리를 쓰다듬고 계시는 것을 느낄 수 있어요.

나는 여전히 울겠지만 그 마음은 이제 달라졌습니다.

어머니는 늘 내 마음속에 계셨다. 나는 더 이상 후회할 필요가 없었다.

3부 호기심과 조합의 힘

공기마저 떨리던 순간

1987년 어느 아침 나는 쑹산공항 근처의 한 교차로에 서 있었다. 비는 내리지 않았지만 하늘은 흐렸다. 교차로에는 오토바이, 자동차, 보행자들이 신호에 따라 바삐 움직이거나 멈춰 서 있었다. 나도 멈춰 선 사람 중 하나였지만 피부에 와닿는 어떤 감각에 집중하고 있었다. 이상하게 공기 속에 무언가 미세하게 떨리는 느낌이 들었다. 주위를 둘러봐도 별다를 게 없었다. 그 미세한 전류 같은 느낌은 대체 어디서 온 것일까?

그 후 오랜 시간이 흐른 뒤에야 알게 되었다. 공기 속의 미세한 진동은 바로 타이완 사회 전체가 곧 경험하게 될 혹은 이미 시작된 거대한 진동의 전조였다는 것을.

1980년대 한국과 타이완은 매우 특별한 시기였다. 이 10년의 시작은 두 나라 모두 권위주의 정권의 강압 아래에 있었다. 한국에서는 박정희 대통령 암살과 12·12 군사반란 이후 전두환이 집권하고, 광주민주화운동이 일어난 시기였다. 타이완에서는 메이리다오美麗島사건과 미국과의 단교 이후 린이슝林義雄사건, 천원청陳文成사건 등이 연달아 일어난 시기였다. 권위주의 정권은 민주화운동을 억압하는 데 조금의 주저도 없이 노골적으로 나섰다.

그러나 이 10년의 후반부에 접어들자 상황은 완전히 달라졌다. 사회 곳곳에 오랫동안 쌓여 있던 굴레를 깨고 나가려는 힘이 임계점에 이르렀고, 정치적·군사적 강경파들조차 더 이상 외면할 수 없게 되었다. 그래서 1987년 한국에서는 6월 민주항쟁이 일어나고, 민정당 노태우 대표가 '6.29민주선언'을 발표하면서 한국 민주화의 새로운 장이 열렸다. 같은 해 7월, 장징궈蔣經國의 지도하에 있던 타이완 정부도 마침내 38년간 이어졌던 계엄령을 해제했다. 이어 양안(兩岸) 간의 가족 상봉도 허용되었다.

변화는 정치 영역에만 머무르지 않았다. 경제, 사회 등 모든 분야에서 오랫동안 축적된 에너지가 한꺼번에 폭발할 준비를 하고 있었다. 그 결과 수십 년 동안 1,000포인트를 넘지 못하던 주식 시장이 단숨에 12,000포인트까지 치솟았다. 가장 인상 깊었던 장면 중 하나는 원래 밤에만 운영하던 일부 바bar 들이 하루를 세 구간으로 나누어 운영하기 시작한 것이다. 오후 시간대에는 증권 시장에서 돈을 번 사람들을 위해 공간을 빌려주었고, 저녁 시간대에는 일찍부터 술자리를 즐기려는 사람들을 위해 또 다른 사람에게 운영을 맡겼으며, 저녁 이후의 원래 운영하던 시간대에만 주인이 직접 일했다. 이때가 바로 '타이완 돈이 발목까지 찬다[臺灣錢, 淹脚目]'는 말이 나올 정도로 돈이 넘쳐나던 시기였다.

나는 1970년대 말 타이완이 아직 계엄령 하에 있던 시절에 출판계에 발을 들였다. 그리고 1980년대 말 큰 변화가 일어나던 그 시기에 몇 년 간 몸담았던 잡지 업계를 떠나 다시 출판계로 돌아왔다.

국민당이 권력을 쥐고 있던 계엄령 시대에는 출판의 금기가 도처에 존재했다. 타이완의 정체성이나 독립을 주장하는 내용의 책은 당연히 금서였다. 1949년 이후 장제스蔣介石와 함께 타이완으로 오지 않고 중국 대륙에 남아 있던 학자나 작가들의 책은 모두 금서였다. 설령 타이완으로 함께 온 학자나 작가라 하더라도 자유주의를 주장하거나 민주주의를 옹호하는 경우 역시 금서로 지정되었다. 홍콩 작가들의 책도 마찬가지로 대부분 금서였다. 심지어는 사랑이나 성적 표현이 조금이라도 노골적이라면 역시 금서로 취급되었다. 대표적인 예가 D.H. 로렌스의 《채털리 부인의 사랑》이다.

만화책도 마찬가지였다. 어떤 만화가가 지붕 위에 깃발이 꽂힌 총통부를 그렸는데 정부 유관 기관에서 이 만화가를 불러 이렇게 물었다.

"왜 깃발이 왼쪽을 향하고 있는 건가?"

또 하나 유명한 사례가 있다. 만화 속에 강아지와 아기 돼지가 싸우다 강아지가 한 대 얻어맞고 어지러워하며 머리 위에 별 다섯 개가 빙글빙글 도는 장면이었다. 이때도 정부 유관 기관에서 따져 물었다.

"왜 별을 다섯 개나 그렸나?"

중국 공산당 오성기에 다섯 개의 별이 있기 때문이었다. 지금 들으면 우스운 이야기 같지만 그 당시에는 매우 엄중하고 심각한 사안이었다. 작은 실수로도 큰일이 날 수 있었다.

또, 당시 타이완에는 '경비총부(警備總部)'라는 기관이 있었다. 이는 타이완 본토의 정체성과 민주운동을 통제하는 무시무시한 기관이었다. 민주주의를 지지하는 사람들이 잡지를 발간하면 경비총부가 그 잡지를 검열하고 압수했다. 그 기간 타이완 민중에게 아주 깊이 각인된 사건은 1981년에 일어난 '천원청사건'이었다. 천원청은 미국에서 박사 학위를 받은 유학생으로 타이완에 귀국해 가족을 방문하던 중 경비총부로부터 소환을 받았다. 이유는 그가 해외에서 민주주의 잡지를 지원한 전력이 있었기 때문이었다. 면담이 있던 다음 날 아침, 천원청의 시신은 국립타이완대학 캠퍼스에서 발견되었다. 경비총부는 자신들과 무관하다고 주장하면서 이는 천원청이 죄의식을 느껴 자살한 것이라고 발표했다. 물론 믿는 사람은 거의 없었다.

1987년, 타이완의 계엄이 해제되면서 사회 분위기는 완전히 달라졌다. 출판계에도 새로운 변화의 바람이 불기 시작했다. 과거 금기시되던 작가와 작품들이 잇따라 출간되기 시작한 것이다. 당시 나는 과거에는 상상도 할 수 없었던 일을 감행했다. 바로 마르크스의 《자본론》 전권 번역본을 타이완에서 최초로 정식 출판한 것이다. 과거 마르크스라는 이름과 《자본론》이라는 책은 그 자체가 절대적인 금기였다. 《자본론》을 출판한다는 것은 가볍게는 투옥, 심하게는 총살까지도 각오해야 할 일이었다. 그래서 나는 이 책의 출판기념회에서 누군가가 했던 말을 지금도 잊지 못한다.

"이것은 단순한 신간 출간 행사가 아니라 시대를 기념하는 의식입니다."

진스탕金石堂과 청핀서점[誠品書店]이라는 두 대형 체인 서점도 이 시기를 전후해 등장했다. 아울러 타이완은 국제 출판계와의 접점을 찾기 시작했으나 오랜 고립으로 인해 어떻게 접촉해야 할지 모르는 상황이었다. 나는 이전에 일본의 고단샤講談社와 거래했던 경험이 있어서, 지인인 다케나카 요리코竹中順子 씨에게 부탁해 일본의 여러 저작권 에이전시를 소개받을 수 있었다. 이런 인연으로 몇몇 책들의 판권을 들여오게 되었고, 그 경험을 바탕으로 타이완 최초의 저작권 중개회사가 설립되는 데 중요한 계기를 제공하였다.

이렇게 점점 타이완 출판계는 황금기를 맞았다. 1990년대 중반, 내가 '다콰이문화'를 창립했을 무렵은 타이완 출판계의 황금기 중에서도 절정이었다.

지 선생님과의 재회

고등학교를 졸업하고 오랫동안 지 선생님과 연락이 닿지 않았다. 어느 날 한 여성 잡지에서 나를 인터뷰하며 내 인생에 큰 의미를 준 여성에 대해 질문했다. 나는 어머니에 대해서 이야기한 후 고등학교 시절 지 선생님이 술주정뱅이 남자의 뺨을 때렸던 기억도 함께 말했다. 그 일로 선생님의 영향력을 다시 떠올리게 되었고, 연락을 시도해 볼 수 있었다. 내가 부산화교고등학교를 졸업한 지 얼마 되지 않았을 때 선생님도 부산을 떠나셨다. 수소문 끝에 다행히 연락이 닿았고, 얼마 후 선생님이 타이완에서 열리는 항일운동 관련 기념행사에 참석하시게 되었다. 이렇게 우리는 다시 만났다.

그때 선생님은 일흔이 넘으셨고 원래 작으셨던 키는 더욱 구부정해지셨다. 연륜으로 웃는 모습은 더 온화해지셨지만 그 온화함 속에서도 여전히 단호함이 느껴졌다. 헤어질 때 나는 선생님께 앞으로의 계획이 있으신지 여쭈었다. 선생님은 어릴 적 어머니와 만주에 함께 살았던 이야기를 하시며 여생이 얼마 남지 않았으니 둥베이 지역을 다시 찾아가 보고 싶다고 하셨다. 그 말씀을 듣고 나는 속으로 무척 기뻤다. 고등학교 졸업 당시 우리 집이 넉넉하지 않아 선생님께서 나에게 여비를 마련해 주셨던 일이 있었기 때문이다. 이번에 그 은혜를 갚을 수 있는 기회가 생겼다고 생각했다. 선생님께서 한국으로 돌아가신 후 나는 선생님께 둥베이 여행 경비로 쓰시라며 감사의 마음을 담은 돈을 보냈다. 이 일로 그간의 은혜를 조금이나마 갚은 것 같아 마음의 짐이 덜어졌다. 이후 일이 바빠져 몇 년 동안 다시 연락을 드리지 못했음에도 마음이 그렇게 무겁지는 않았다. 어떤 의미에서는 나 혼자만의 생각으로 선생님과의 관계가 아름답게 마무리되었다고 여겼던 것 같다.

1997년 나는 회사를 설립했고, 첫 번째 결혼을 이혼으로 끝맺게 되었다. 일과 가정 모두 큰 변화를 겪고 있었기에 다시 선생님을 뵙고 싶어 다음 해 신년 연휴에 선생님이 계신 안양으로 찾아뵙기로 했다.

출발 전날 저녁 나는 다콰이문화 사무실에 들렀다. 동료가 빨리 검토해달라며 메모와 함께 영어책 한 권을 책상 위에 올려둔 게 보였다. 그 책은 《모리와 함께한 화요일》이었다. 나는 소파에 기댄 채 밤새도록 읽었다. 책에는 이런 구절이 있었다.

그 여름날 오후, 나는 사랑하고 존경하던 교수님을 껴안고 연락을 계속하겠노라고 약속했지만…… 나는 그 약속을 지키지 않았다……. 스무 살 초반의 나는 이리저리 떠돌며 자취방을 구하고, 분류 광고를 보며 일자리를 찾았다…….

또 이런 구절도 있었다.

나는 기회를 찾아 끊임없이 움직였고…… 언제나 급하게 모든 일을 서둘러 마무리했다……. 성취를 통해 내 존재를 확인했고, 성공을 통해 사물을 통제하며 마지막까지 행복을 짜내려 했다…….

그 다음 날 선생님과 오랜만에 다시 만날 생각을 하며 책을 읽던 나는 쏟아지는 눈물을 참을 수 없었다.

모든 학생에게는 그만의 선생님이 있다. 그리고 그 관계에는 특별한 인연과 이야기가 있다. 나 역시 한때 얼굴 들기 어려운 시기도 있었지만 절망의 끝자락에서 다시 일어났고, 선생님과 다시 만날 기회를 가질 수 있었던 것은 참으로 큰 축복이었다.

얼마 후 나는 《모리와 함께한 화요일》을 출판했다. 이 책은 정말 많은 사랑을 받았다. 수년 동안 많은 사람들이 어떻게 이 책의 성공 가능성을 알아봤냐고 나에게 물었다. 사실 그렇지 않았다. 출판 일을 하면서 시장을 고려하지 않을 수는 없지만 내가 성공적으로 펴낸 기획은 대부분 시장성보다는 진심에서 출발한 경우가 많았다. 《모리와 함께한 화요일》 역시 그런 책 중 하나였다. 시장을 보고 결정한 것이 아니라 선생님에 대한 제자의 감동에서 출간한 책이었다.

모든 일은 '조합'이다

가끔 사람들은 나에게 왜 그렇게 출판 일을 좋아하냐고 묻는다. 나는 한비자의 책을 읽은 이후 출판 일에 대한 애정이 한 번도 흔들린 적이 없다. 특히 편집이라는 일을 무척 좋아한다. 왜냐하면 편집은 '조합'의 일이기 때문이다.

이 세상은 곧 조합으로 이루어져 있다. '세계'라는 단어 자체도 시간[世 세]과 공간[界 계]의 조합이다. 인류가 다른 동물과 달리 오늘날까지 진화해온 것도 바로 다양한 '조합'을 할 수 있기 때문이었다. 조류나 짐승의 조합은 둥지를 짓거나 줄을 서는 정도이지만 인간은 태어나면서부터 오감을 활용해 자신의 다양한 조합 능력을 발전시킨다.

언어는 소리의 조합

글쓰기는 문자의 조합

수학은 더하기·빼기·곱하기·나누기의 조합

그림은 색채와 선의 조합

음악은 음표의 조합이다.

그래서 나는 이렇게 생각한다. 인생이란 한 사람이 성장 과정에서 다양한 사물에 대한 조합 능력을 개발하는 과정이다. 문화란 특정 지역 사람들이 그러한 조합을 탐구하는 과정에서 드러나는 특성이다. 문명이란 특정 시대 사람들이 그러한 조합을 탐구하는 과정에서 드러나는 특성이다.

사람은 원래 조합을 좋아한다. 아이들이 블록 쌓기를 좋아하는 것만 봐도 알 수 있다. 편집이라는 조합의 일도 마치 블록 놀이를 하는 것과 같다. 게다가 다양한 창작자들과 함께 블록을 쌓는 놀이이기도 하다. 창작자들은 머릿속의 생각, 지식, 창의력을 이론으로 소설로 그림으로 표현하며 그들만의 창작 블록을 쌓는다. 편집자는 그 창작 블록을 돕는 동시에 다양한 자원과 작업 방식을 어떻게 조합할지를 생각한다. 그래야 창작자의 작품이 독자들에게 더 이해되기 쉽고, 감상하거나 접하기 쉬운 형태로 전달될 수 있기 때문이다.

조합 방식에서 순서와 리듬은 매우 중요하다. 같은 내용과 요소라 하더라도 조합의 순서와 리듬이 달라지면 결과는 천양

지차다. 조합 방식에서 동일한 요소만 결합하는 것이 아니라 대립되거나 모순된 요소를 어떻게 조화롭게 포용할 수 있느냐도 또 하나의 핵심이다. 동일한 요소끼리 조합하는 건 쉽지만 단조롭고, 대립된 요소를 포용하며 조합하는 건 어렵지만 그만큼 풍성하고 다채롭다. 또 조합 방식에서는 전문성과 융합이 중요하다. 한편으로는 자신이 다루는 조합의 전문성을 더 깊이 있게 다져야 하고, 다른 한편으로는 다른 전문 분야에서 쓰이는 조합 방식을 관찰하고 흡수해야 한다. 그래야 깊게 들어갈수록 조합의 폭이 점점 좁아지는 것을 막을 수 있다.

이러한 원리는 단지 편집 작업에만 적용되는 것이 아니다. 사실 모든 일에 다 적용될 수 있다. 편집 일을 하며 조합을 훈련하고, 또 그 조합을 통해 인생에 대한 통찰을 확장할 수 있었기에 나는 이 일을 진심으로 사랑하게 되었다.

왜 인간은 이동해야 하는가

조합은 이동과도 밀접한 관련이 있다. 이동은 우리에게 '경계를 넘는 것'을 가능하게 해주기 때문이다.

나는 어릴 때부터 목발을 짚고 다녔지만 중학교 이후로는 이곳저곳을 활발히 다녔고, 가기 어려운 곳도 겁내지 않고 갔기 때문에 움직일 수 있다는 것이 얼마나 중요한 일인지에 대해 깊이 인식하지 못했다. 오랜 세월이 흐르고 나서야 이동의 중요성을 깨달았다. 집에서 42년 동안 갇혀 지낸 한 장애인 친구의 이야기를 읽고 깊은 감회를 느꼈다.

책 속 주인공은 심한 척추측만증으로 인해 오랫동안 가족의 돌봄을 받아야 했고, 집이 엘리베이터 없는 고층에 있어 줄곧 집 안에 갇혀 지낼 수밖에 없었다. 그가 자신의 비관적 현실의 틀을 깨고 나오는 커다란 전환점이 있었다. 어느 날 스스로 휠체어에서 침대로, 다시 침대에서 휠체어로 이동할 수 있다는 것을 깨달은 것이다! 그는 그 발견 덕분에 자신의 미래에 대한 새로운 상상을 할 수 있게 되었다고 했다. 이후 그의 이동 범위는 점차 넓어졌고 결국 자립하여 생활하고 일도 할 수 있게 되었으며, 장애인 관련 사회운동에도 참여하게 되었다. 바로 그 '침대와 휠체어 사이의 짧은 이동'이 그의 인생의 모든 가능성을 열어준 것이다.

이것은 비록 특수한 사례이지만 왜 인간에게 이동이 필요한지 이동이 얼마나 중요한지를 잘 보여준다. 동물은 이동을 통해 먹이를 찾거나 위험을 피한다. 하지만 인간은 다르다. 인간의 이동은 먹이를 찾는 것뿐만 아니라 세상을 탐험하고자 하는 욕망이 있어서다. 갓난아이는 마치 '식물'처럼 요람에 누워 있기만 하다가 점차 앉고 기고 움직이게 된다. 인간은 세상을 탐색하고 다양한 사물을 다루며 조합하고 창조하는 능력을 키우기 위해 이동한다. 어린이는 처음엔 집 안을 탐색하고 그 다음엔 공원, 거리, 학교 등으로 그 범위를 넓혀간다. 나이가 들수록 이 이동은 더욱 멀어진다. 그것이 바로 '여행'이다. 우리는 여행을 통해 과거 자신의 삶의 범위 안에서는 볼 수 없었던 것들을 마주하고, 다른 사람들이 어떻게 삶을 구성하고 조합하는지를 관찰하고 배운다. 그것이 생활이든 일이든 예술이든 기술이든 말이다.

그래서 우리는 인생에서 '만 리 길을 걷는 것'의 중요성을 강조한다. 앞에서 언급했듯이 조합에는 전문성과 경계 넘기가 필요하다. 만 리 길을 여행하며 낯선 나라 사람들이 각 분야에서 어떻게 조합하는지를 보는 것은 그 자체가 큰 '경계 넘기'다.

결론적으로 우리는 이동해야 시야를 넓힐 수 있고 삶의 가능성에 대한 상상을 더할 수 있다. 이동 능력을 키우면 조합 능력도 확장되고 조합 능력이 늘어나면 이동의 폭도 더욱 넓어진다. 한국에서 타이완으로 이동했던 경험은 나에게 큰 도움이 되었다. 그 이동을 통해 나의 삶은 한층 더 넓어졌다.

수정 구슬과 야명주

내가 인생의 본질이 '조합'과 '이동'에 있다는 것을 깨달았을 무렵 나는 수정 구슬과 야명주(夜明珠)의 중요성도 함께 알게 되었다.

꿈은 마치 신화 속에 나오는 수정 구슬 같다. 수정 구슬 속에는 우리가 나아갈 방향과 목적지가 보이며 그 길을 비춰준다. 손에 이 수정구슬이 나타나는 시점은 사람마다 다르다. 어떤 사람은 매우 일찍 나타난다. 타이완의 만화가 차이즈중蔡志忠은 자신이 네 살 때 만화가가 되기로 결심했다고 한다. 나 같은 경우는 꽤 늦었다. 마흔 살이 되어서야 내 꿈을 확신할 수 있었다. 더 늦게 찾는 사람도 있을 것이다. 그래서 나는 독서가 우리에게 주는 가장 큰 도움은 다른 무엇보다도 바로 꿈이라는 수정 구슬을 어떻게 사용하는지 알려주는 것이라고 생각한다.

독서를 통해 우리는 때때로 일상 속 현실 세계를 넘어 먼 곳에 존재하는 아름다운 이상향을 볼 수 있다. 또한 그 아름다운 이상향과 우리의 현실 사이에 얼마나 큰 차이가 있는지 인식하게 되면서 그곳을 향해 가기 위한 자원과 능력을 어떻게 준비해야 하는지 배우게 된다.

하지만 아직 꿈이라는 수정 구슬을 찾지 못한 상태라도 우리는 인생을 계속 살아야 한다. 방향이 불분명하더라도 우리는 인생의 길을 걸어가야 한다. 그렇다면 그때 우리를 지탱해 줄 수 있는 것은 무엇일까? 목적지와 방향이 불분명한 상태는 마치 깜깜한 어둠 속에서 길을 찾는 일과 같다. 어둠 속에는 넘어지고 길을 잃고 제자리걸음할 위험이 도사리고 있다. 그래서 우리는 야명주가 필요하다.

꿈이 수정 구슬이라면 가치관은 야명주다. 어둠 속에서도 침착하게 한 걸음 한 걸음을 내딛기 위해 어떤 속도로 어떤 자세로 가야 할지를 믿는 것은 인생의 어떤 가치를 믿는 것과 같다. 우리가 어떤 가치를 중요하게 여기고 그 가치를 어떻게 실천하느냐가 바로 우리의 가치관이다. 독서는 우리가 야명주로서의 가치관을 어떻게 사용할지를 알려준다. 일상적인 습관에서 벗어나 우리가 미처 인식하지 못했던 소중한 가치들을 배우고 관찰하게 해준다. 또한 그 가치를 실현하기 위한 어려움과 도전을 마주할 때 타인의 신념과 사례를 통해 자신의 신념을 다지고 나아갈 수 있도록 해준다. 살아가며 모두가 자신의 꿈이라는 수정 구슬을 찾을 수 있는 것은 아니지만 가치관이라는 야명주를 찾은 사람은 훨씬 더 큰 행운을 가진 사람이다. 아이들이 자신의 수정 구슬과 야명주를 더 일찍 찾을 수 있도록 돕는 것이야말로 부모와 교사가 아이에게 해줄 수 있는 가장 중요한 선물이다.

이렇게 보면 나는 정말 행운아였다. 독서를 통해 비교적 이른 시기에 꿈이라는 수정 구슬을 찾았고, 또한 두 개의 야명주도 일찍이 손에 넣었다. 하나는 어머니가 가르쳐주신 정직함, 또 하나는 지 선생님이 가르쳐주신 용기다.

도서전과 맺은 인연

나는 출판인으로서의 경력 외에도 책 전시회와 긴밀한 관계를 유지해왔다. 나를 한국에서 타이완으로 이끌었던 여러 요인 중 하나는 분명 책이었다.

중학교 시절 화교들이 운영하는 서점과 대여점의 책을 거의 다 읽어버려 더 이상 읽을만한 책이 없다는 것이 가장 큰 고민이었다. 그래서 여름방학을 학수고대했다. 왜냐하면 몇몇 친구들의 형이나 누나가 타이완에서 공부하다 방학 때면 다양한 책을 가져왔기 때문이다. 나는 누가 왔다는 소식만 들으면 서둘러 책을 빌려 읽곤 했다. 인기 있는 책은 예약자가 많아서 한참을 기다려야 했지만, 마침내 내 차례가 되었을 때의 기쁨은 이루 말할 수 없을 만큼 컸다. 특히 위옌자于儼嘉라는 친구에게 감사하고 싶다. 그의 누나는 집에 '신차오문고[新潮文庫]' 전집을 보관하고 있었다. 이 책은 당시 타이완 독서계에 큰 영향을 미친 전집으로, 나는 이를 통해 서양 철학과 문학에 입문할 수 있었다.

타이완에서 공부하게 되면 내가 원하는 책을 마음껏 살 수 있을 것이라 기대했었다. 하지만 실제로 생활해 보니 좋은 책을 구하기가 생각만큼 쉽지 않았다. 당시 타이베이에는 충칭난루에 중요한 서점 거리가 있었다. 목발을 짚고 그 거리를 돌아다니며 책을 사는 것은 비록 누군가가 도와주더라도 매우 힘든 일이었다. 오랫동안 동경하던 구링제牯嶺街 헌책방 거리에 가봤지만 그곳의 서점들은 공간이 매우 좁아 보물을 찾기 위해서는 몸을 굽혀야 했기 때문에 나에게는 너무나 불편했다. 이러한 상황에서 신이루 국제학사(國際學舍)에서 열리는 전국도서전은 매우 기대되는 행사였다. 이 도서전은 국제적인 행사는 아니었지만 타이완의 많은 출판사의 책들이 전시되어 당시에는 가장 중요한 도서전이었다. 물론 여기서도 내가 간절히 읽고 싶어 하던 금서들을 구할 수 없었지만 그래도 많은 책을 볼 수 있다는 것만으로도 충분히 만족스러웠다. 친구들의 도움을 받아 하루나 이틀 동안 마음껏 구경하며 사고 싶은 책을 구입했다. 국제학사에서 열렸던 도서전의 활기찬 모습과 책을 구한 기쁨은 지금도 잊을 수가 없다. 이 도서전은 1980년대 후반까지 계속되었으나 이후 타이완 정부가 타이베이국제도서전을 개최하면서 국제학사의 도서전은 역사 속으로 사라졌다.

나와 도서전의 더 깊은 인연은 그 후에 시작되었다. 1996년, 나는 제5회 타이베이국제도서전 기획을 위임받아 전체를 총괄하며 그 규모를 크게 확대하였고, 2005년에는 여러 출판사들과 함께 '타이베이도서전재단'을 설립하여 초대 이사장을 맡았다. 그 이후로 타이베이국제도서전은 타이완 문화부가 주최하고 타이베이도서전재단이 주관하여 오늘에 이르고 있다.

그 후 해외 도서전에도 꾸준히 참가하게 되었다. 1989년 처음으로 독일 프랑크푸르트도서전에 타이완관을 설치하고 참가했는데, 그 최초의 일을 내가 담당했다. 2012년에는 프랑스 앙굴렘만화전에도 초대되어 타이완관을 설치하였다. 흥미로운 점은, 대학에서 전공한 국제무역과 출판업이 전혀 다르다고 생각했지만, 실제로 국제 저작권 거래와 전시기획을 진행하다 보니 둘이 그렇게 다르지 않다는 것을 알게 되었다. 도서전에서 이루어지는 무형의 저작권 거래가 곧 국제무역임을 점차 깨닫게 되었다.

나는 도서전에서 이루어지는 저작권 교류를 매우 좋아한다. 출판업계의 국제무역은 다른 산업의 국제무역과 비교하여 매우 이타적이며 진정성을 갖고 정보를 서로 공유한다. 예를 들어, 도서전에서 어떤 나라의 출판인을 만나면 서로의 저작권 비즈니스를 논의하는 것 외에도 상대방이 최근에 계약하고 싶었지만 성사되지 않은 어떤 책의 저작권을 권유하기도 한다. 언어와 국가가 다르니 내가 따내지 못한 판권을 너희 나라 혹은 언어로 출판해보라는 조언인 것이다. 좋아하는 작가, 관심 있는 책, 서로 비슷한 가치관을 가지고 있다면 세계 출판인이 모이는 이런 행사에서 더 특별한 우정을 발전시킬 수 있다. 도서전에 참가하면서 알게 돼 서로를 지원하고 격려하는 친구로 발전한 예가 아주 많다. 그들은 나의 출판 업무뿐만 아니라 인생까지도 풍요롭게 해주었다.

내가 아는 한 사람, 피터

이동할 수 있다는 것의 또 다른 장점은 서로 다른 친구들을 만나 조합할 수 있다는 것이다.

1989년, 타이완 정부로부터 요청을 받아 진행한 일이 있다. 세계 최대 도서전인 프랑크푸르트도서전이 파격적으로 타이완관 설치를 승인했으니 그 준비를 맡아 달라는 거였다. 당시 타이완은 해적판 왕국이라는 오명을 벗기 위해 저작권 보호 법제를 정비하고, 경제 성장의 기세를 타고 국제 출판계와 본격적으로 접촉하고자 했다. 나는 그 도서전은 물론 유럽에 가본 적도 없었지만 일을 맡기로 했다. 그렇게 피터 바이트하스 Peter Weidhaas를 만나게 되었다. 프랑크푸르트도서전 타이완관을 기획하며 그는 나에게 특별한 인연으로 다가왔다.

피터는 10대 시절 2차 세계대전 중 독일이 유대인을 학살한 사실을 알게 되면서 조국에 분노해 가족, 조국 심지어 언어까지 거부하며 독일을 떠나 유럽 각지를 떠돌았다. 하지만 1968년, 전 세계 학생운동이 한창일 때 그는 반대로 그 방황을 마치고 독일로 돌아와 프랑크푸르트도서전 조직에 들어가 말단부터 시작해 결국 도서전의 회장이 되었다. 처음 그를 만났을 때 나는 그가 해마다 15분 간격으로 세계 각국의 인사를 만나는 일정 중의 한 사람이었을 뿐이었다. 그러나 세계 곳곳의 도서전에서 자주 마주치면서 점점 가까워졌다. 여러 도서전에서 많은 미팅을 소화하는 일은 무척 피곤했지만 틈을 내어 잠깐씩 만나 서로의 근황을 나누었다. 그 시간은 오히려 큰 위안이 되었다. 우리는 각자의 업무 이야기와 경험을 공유하며 동서양 문화의 차이와 공통점에 대해 자주 놀라워했다. 도서전 운영뿐 아니라 장서 정리법부터 복잡한 연애 문제까지 피터는 나에게 많은 것을 가르쳐주었다. 점점 말 못할 이야기도 주고받는 친구가 되었다.

그는 업무로 큰 스트레스를 받는 가운데, 특히 영어권 출판인들의 압박이 심하다고 했다. 그들은 강대국의 언어권을 대표하면서 도서전에서 성과를 만들기 위해 언제나 가장 좋은 자리와 조건을 요구하곤 했다. 피터는 가능한 한 평등한 입장에서 모든 언어와 문화를 대우하고자 했다.

어느 날 우리는 도서전의 방향성을 놓고 의견 충돌이 생겼을 때 어떻게 해결해야 하는지를 두고 이야기를 나눴다. 그는 한 마디로 말했다.

"We must fight FOR them.(우리는 그들을 위해 싸워야 해요.)"

나는 처음에 잘못 들은 줄 알고 다시 물었다.

"We must fight AGAINST them?(그들과 맞서 싸워야 한다는 건가요?)"

그는 고개를 저으며 아니라고 "FOR"라고 강조했다. 나는 다시 물었다.

"상대가 다른 주장을 하면 설득해야 하지 않나요?"

그는 예를 들었다. 냉전 시절, 소련(현 러시아)과 동유럽 출판사들은 체면을 유지하기 위해 소련 정부의 지원을 받아 프랑크푸르트도서전에 참가했다. 하지만 베를린 장벽 붕괴와 함께 소련이 해체되며 자금 부족으로 더 이상 참가할 수 없게 되었다. 이 상황에 대해 두 가지 의견이 있었다. 하나는 시장에 맡기고 그들이 여유가 생기면 다시 오도록 하자는 것. 하지만 피터는 더 적극적인 방식을 주장했다. 영어권과 서유럽 출판사들이 분명히 이 지역에 진출할 것이므로 프랑크푸르트도서전이 그 중간 역할을 해야 한다고 생각했다. 그래서 그들에게 보조금을 제공하고 전문가들을 러시아와 동유럽으로 파견해 출판 세미나를 열어 출판 경영을 교육했다. 결국 이 지역에는 성공적인 출판업자들이 많이 등장했다. 그는 웃으며 말했다.

"그들이 돌아왔어요. 방금도 한 러시아 출판인이 찾아와 지금의 성공은 내 덕분이라고 말했어요!"

그가 말하고자 한 핵심은 다른 의견을 가진 사람에게 설득을 강요하기보다는 그들이 믿지 못하던 길을 개척해 주는 것이 진정한 싸움이라는 것이다. 그래서 "We must fight FOR them."인 것이다.

1999년 10월, 프랑크푸르트도서전은 성대한 은퇴 파티로 그를 환송했다. 독일과 유럽의 언론은 "미스터 도서전 은퇴" 또는 "도서계의 대부 퇴장"이라며 보도했다. 그해 연말 프랑스의 한 신문은 지난 20년간 유럽에 영향을 끼친 인물 세 명을 선정했는데 독일에서는 전 총리 콜, 노벨문학상 수상자 귄터 그라스 그리고 피터 바이트하스가 선정되었다. 그는 25년간 프랑크푸르트도서전 회장으로 있으면서 이 행사를 출판계의 메카로 만들었고, 전 세계 문화산업에 막대한 영향을 미쳤다. 그에 대한 평가는 전혀 과장이 아니다.

2000년, 은퇴 이후 그는 새로운 싸움을 시작했다. 여러 종류의 암을 진단받았지만 건강을 지키기 위해 끝까지 노력했다. 다리가 마비되어 감각을 잃어갈 때도 그는 두 개의 지팡이를 짚고 눈밭을 걸으며 스스로를 단련했다. 그 모습은 내 마음속에 깊이 새겨져 있다. 이 시기 그는 타이베이국제도서전의 가장 열정적인 지지자가 되었다. 매년 10월 프랑크푸르트도서전이 열릴 때면 나는 최소 한 번은 피터의 집을 찾아가 만남을 가졌다. 하지만 2024년 그는 병원에 가야 한다며 이번에는 약속을 취소해야겠다고 말했다. 우리는 다음 해 봄에 다시 만나자고 약속했지만 그 통화를 마지막으로 그는 세상을 떠났다. 향년 86세. 그는 영원한 투사였다.

내가 아는 또 다른 피터

내가 아는 또 다른 피터라는 친구가 있다. 그는 프랑크푸르트도서전에서 오랫동안 영미 출판계를 대표하며 피터 바이트하스와 맞섰던 인물이다.

피터 마이어Peter Mayer는 1978년부터 1997년까지 약 20년간 펭귄출판그룹의 회장 겸 CEO를 지냈다. 그는 강력한 편집 능력뿐만 아니라 뛰어난 경영자로서 펭귄그룹에 생명력을 불어넣고 전 세계로 그 거점을 확장시켰다. 그는 저음의 걸걸한 목소리와 날카로운 눈빛, 강렬한 카리스마를 지닌 인물이었다. 처음엔 가볍게 인사만 나누는 사이였으나 2002년경 타이베이국제도서전에서 국제 출판 포럼을 기획하면서 나는 그를 연사로 초청했다. 당시 그는 펭귄그룹에서 물러나 가족이 물려준 '오버룩Overlook'이라는 출판사를 운영하고 있었다.

타이베이에서 나는 피터와 깊은 대화를 나눴고, 그의 날카로운 식견을 직접 체험했다. 이후 우리는 친구가 되었다. 타이베이를 떠날 때 그가 호텔 앞에서 배웅하던 나에게 말했다.

"You should come to compete with me in New York."

나는 뉴욕에 가서 그와 경쟁하진 않았지만 그를 찾아가 우리가 개발한 서양인을 위한 중국어 학습 소프트웨어를 소개하고 협조를 부탁했다. 그는 3년간 내 자문 역할을 해주며 영어권 최고의 출판사 대표들을 소개해 주었고, 나는 그의 사무실한 켠을 임대하여 뉴욕 거점으로 삼았다.

피터 마이어는 담배를 손에서 놓지 않는 전형적인 워커홀릭이었다. 펭귄이라는 대형 그룹을 이끌던 자리를 떠나 10여 명 규모의 오버룩을 운영하면서도 여전히 즐거워했다. 같은 사무실을 쓰면 대화할 시간이 많을 줄 알았지만 그와의 만남은 여전히 쉽지 않았다. 그는 늘 해외 출장을 다녔고 뉴욕에 있을 때도 하루 종일 미팅으로 꽉 차 있었다. 적어도 일주일 전에는 약속을 잡아야 했다.

언제 만나도 그는 책 이야기를 했다. 자신이 기획 중인 자랑거리도 빠짐없이 공유했다. 그의 사무실에서 대화를 나누다 보면 그의 일하는 방식을 지켜볼 수 있었다. 직원이 표지 샘플을 가져오면 안경을 끼고 눈을 가늘게 뜨면서 살펴보고, 원고나 홍보용 카피를 받으면 연필로 이곳저곳에 표시하며 읽었다. 그는 내게 말했다.

"작은 출판사는 큰돈을 들여서 책을 사려고 하지 말고 눈으로 찾아야 합니다."

그는 실제 작품성 있고 꾸준히 팔리는 베스트셀러를 여럿 발굴해냈다. 반면 그의 기획 방식은 여전히 스케일이 커서 독특한 두 출판사를 인수하기도 했다. 피터 마이어는 유대인이었기 때문에 경제와 돈에 매우 꼼꼼하고 철저했다. 그래서 그가 1980년대 후반에 겪은 한 일화는 더욱 인상 깊게 남아있다.

펭귄그룹이 절정에 있던 당시 그는 중국 시장에 진입하고 싶었지만 기회를 찾기 어려웠다. 그러던 어느 날 홍콩의 연회장에서 우연히 만난 사람으로부터 도움을 받아 베이징에 회사를 설립하게 되었다. 하지만 1989년 톈안먼사건이 일어난 후 그는 회사를 철수시키기로 결정했다. 나에게 이렇게 말했다.

"나는 자기 국민에게 총을 쏘는 나라에 회사를 두기 싫다."

이후 누군가 상부에 고발하겠다고 했지만 그는 "맘대로 하라."고 답하며 뜻을 굽히지 않았다. 훗날 펭귄이 다시 베이징에 지사를 설립했지만 그와는 무관한 일이었다. 그처럼 경영감각이 탁월하고 금전에도 민감한 사람이 중국의 정치사회적 이유만으로 어렵게 연 중국 시장에서 철수했다는 것은 그의 성격을 잘 보여주는 한 예다.

또한 그는 생명에 대한 집념이 대단했다. 희귀 질환으로 여러 차례 수술을 받은데다 교통사고까지 겪으며 온몸이 수술 자국으로 가득했다. 스스로 "지퍼 인간"이라 부르기도 했다. 병과 통증이 끊이지 않았던 그는 70대 이후 걸음걸이가 점점 불안정해졌고 넘어지는 일도 많았다. 내가 본 가장 심한 경우는 그가 80세 가까이 되었을 무렵 유럽에서 막 돌아왔을 때였다. 그는 오래된 석조 건물의 계단에서 굴러 얼굴 절반이 시퍼렇게 멍들어 있었다. 하지만 개의치 않고 계속 걸었고 또 계속 넘어지면서도 프랑스 여자친구 이야기를 했다. 그들은 영국에서 만나는 것이 가장 편하다고 했다. 대학생이 자신의 일상을 얘기하듯 그는 그렇게 웃으며 말했다.

피터가 세상을 떠나기 전 내가 마지막으로 그의 집에 갔을 때 그는 매우 쇠약해져서 물 한 모금 마시는 것도 힘겨워했다. 남성 비서를 고용해 함께 일하며 생활도 도움받고 있었는데 그런 와중에도 장난기 가득한 웃음은 여전했다. 비서를 시켜 책 원고를 나에게 보내 주라고 재촉하는 모습도, 함께 담배를 피우자고 말하던 태도도 모두 그대로였다. 그의 생활 수준으로 보면 노년을 아주 여유롭고 편안하게 보낼 수 있었지만 생의 마지막 순간까지 자신이 사랑한 출판 일에 모든 것을 바쳤다. 피터가 세상을 떠난 건 82세 때였다.

"노병은 죽지 않는다. 다만 사라질 뿐이다."라는 말은 피터 마이어에게는 맞지 않는다. 그는 "노병은 죽지 않는다. 전장에서 영원히 싸운다."가 더 어울리는 사람이었다.

큰 것, 매운 것, 역사 깊은 것

내가 처음 다콰이문화를 설립했을 때 많은 사람들이 왜 그런 이름을 지었냐고 물었다. 사실 회사의 영문 이름인 '로커스Locus'를 먼저 정했던 터였다. 로커스는 원래 라틴어인데 내가 본 설명 중에 이런 말이 있었다.

어떤 장소에서 흥미로운 일들이 벌어지고 있다.

출판사를 만든다는 건 바로 그런 정신이 있어야 한다고 생각해서 이 단어를 영문 회사명으로 삼았다. 한자로는 '다콰이大塊', 글자 그대로 '큰 덩어리'라는 뜻이다. 하지만 시인 이태백의 유명한 시구 "대괴가 나에게 문장을 빌려준다[大塊假我以文章]"에서 알 수 있듯이, 여기서의 대괴는 '천지자연'을 의미한다. 그래서 이 이름에는 "우리가 천지 사이에 우뚝 서서 무언가 흥미로운 일들을 일으키자"는 바람이 담겨 있다. 그런 의미에서 '다콰이'를 굳이 한국어로 번역한다면 '큰 것' 정도로 표현해도 좋을 것 같다.

다콰이의 정신에 따라 나는 창립 초기부터 생명력 넘치는 책들을 출간해왔다. 초창기 대표작으로는 《모리와 함께한 화요일》 외에 장 도미니크 보비Jean-Dominique Bauby의 《잠수복과 나비Le scaphandre et le papillon》가 있다. 이 책이 전신 마비에 말을 할 수 없는 작가가 눈을 깜빡이며 한 글자씩 이어 붙여 완성한 책이라는 이야기를 들었을 때 나는 내용이 어떻든 꼭 출판하겠다고 결심했다.

체 게바라Ernesto Che Guevara의 《모터사이클 다이어리Diarios de motocicleta》도 마찬가지였다. 스물세 살의 의대생이었던 저자가 친구와 함께 오토바이로 남미 대륙을 횡단하며 느꼈던 젊음의 열정과 넓은 시야 그리고 인도주의적 감수성을 담아낸 책이었다. 타이완의 독자들과 꼭 나누고 싶었다.

다콰이는 이후 몇 개의 브랜드와 자회사도 세웠다. 그중 하나가 2003년에 설립한 다라大辣출판사다. 한국어로 번역하자면 '매운 것' 정도랄까. 다라의 출판 주제는 두 가지다.

첫째는 '성(性)'에 대한 주제다. 소위 말하는 '음란서적' 혹은

'빨간책', '성'이라는 주제가 더 이상 금기시되거나 부끄러운 것이 아니기를 바랐다. 서점 어두운 구석에서 몰래 보는 책이 아니라 당당하게 꺼내 읽을 수 있는 책이 되기를 원했다. 그래서 창립 기념 작품 중 하나로 티베트 승려 겐둔 춘페이[更敦群培]의 《티베트 욕경[西藏慾經]》을 출간했다.

둘째는 일본 만화 이외의 다양한 만화 장르를 소개하는 것이다. 아무도 손대지 않던 유럽 만화 예를 들어, 《잃어버린 시간을 찾아서》의 그래픽 노블 버전 역시 창립작으로 출간했다.

몇 년 후, 2007년에 있었던 한 에피소드는 내게 큰 격려가 되었다. 그해, 리안 감독의 <색, 계>가 개봉되었는데 어느 날 한 중국의 문화계 인사가 타이완에 와서 이렇게 말했다.

"이번 타이완 방문에서 제가 꼭 해야 할 두 가지가 있습니다. 하나는 영화 <색, 계>의 무삭제 완전판을 보는 것, 중국에선 검열된 버전만 볼 수 있으니까요. 그리고 다른 하나는 다라 출판사가 낸 새로운 책들을 보는 겁니다. 왜냐하면 다라에서 출간한 책들 중 대부분이 중국에서는 볼 수 없거든요!"

이 말을 듣고 나는 매우 기뻤다. 그것은 단지 타이완 사회의 개방성을 보여주는 것일 뿐 아니라 다라가 지향하고자 했던 방향이 맞았다는 것을 확인시켜 주는 말이기도 했기 때문이다.

모든 권위주의 국가에서 '성'은 가장 건드리기 어려운 주제다. 왜냐하면 '성의 해방'은 곧 '사상의 해방'과 연결되기 때문이다. 마찬가지로 사상의 해방이 이루어진 사회라야 비로소 성의 해방도 가능하다. 20여 년 전 내가 타이완에서 성 주제를 다루는 출판 브랜드를 만들 수 있겠다고 생각한 것은 타이완 계엄이 해제된 후 민주주의 시대로 접어들었기 때문이었다. 중국에도 다양한 출판사가 있지만 다라만큼 성에 개방적인 출판사는 없다. 흔히 "중화권에서 출판이 가장 자유로운 곳은 타이완이다."라는 말을 하는데, 그 좋은 본보기가 바로 다라출판사라고 생각한다.

다콰이출판사 설립 당시 나는 동시에 타이완상우인서관의 사장 겸 편집장 직책도 맡고 있었다. 앞서 말했듯이 상우인서관은 1897년에 설립된 전 중화권에서 가장 오래된 출판사로 수많은 인재를 배출하며 중국 근현대 문화와 역사에 깊은 영향을 끼쳤다. 1949년 이후 타이완상우인서관은 본토와 독립적인 운영을 시작했다. 내가 이곳으로 옮겼을 때는 마침 상우인서관 창립 100주년이자 타이완상우인서관 50주년 기념을 준비하고 있던 시기였다. 그들이 나에게 함께 일하자고 제안했을 때 나는 막 '다콰이'를 설립한 참이어서 두 가지 일을 어떻게 합리적으로 병행할 수 있을까 고민해야 했다. 그때 나는 마흔 초반이었고 체력도 좋았기 때문에 매일 아침 9시부터 오후 6시까지는 타이완상우인서관에서 일하고, 저녁 7시부터 새벽 1~2시까지는 다콰이에서 일하는 생활을 했다.

타이완상우인서관에서 3년 넘게 근무하면서 인상적이었던 두 가지 기억이 있다. 하나는 타이완상우인서관 100주년 기념 신간 시리즈를 기획하는 일이었다. 다른 출판사라면 새로운 시도를 다양하게 할 수 있었겠지만 100년의 역사를 가진 이 출판사는 거의 모든 분야에 이미 손을 대본 경험이 있었고, 출판 역사적으로도 좋은 성과를 남긴 바 있었다. 그래서 나는 과연 무슨 새로운 일을 할 수 있을지 고민이 깊었다. 그러던 어느 일요일, 도저히 답을 찾을 수 없어 수영을 하러 나갔다. 택시를 부르고 문을 열고 차에 오르려는 순간 한 가지 아이디어가 떠올랐다. 새 시리즈의 이름은 '오픈OPEN'으로 하자! 이 '오픈 시리즈'는 상우인서관이 100년간 이어온 가장 소중한 정신을 상징해야 한다고 생각했다. 그날 저녁 나는 이 시리즈의 서문으로 쓸 문장을 이렇게 적었다.

OPEN은 인간 중심의 너그러움이다. 자유로운 개방이다. 평등한 포용이다.

이 정신을 바탕으로 '오픈 시리즈'는 고전, 현대사상, 소설 그리고 소설 외 문학이라는 네 개의 하위 시리즈로 구성되었다. 나는 상우인서관의 수많은 고전 작품에 새로운 모습을 부여했고, 이 100년된 노출판사에 새로운 피를 불어넣었다. '오픈 시리즈'는 내가 특히 애정을 가지고 있는 기획 중 하나다.

또 하나 인상 깊었던 일은 바로 주말과 '잠'에 대한 나 자신과의 대화였다. 그 당시 나는 매일 17~18시간씩 일을 했다. 낮과 밤에 각각 다른 두 가지 일을 병행할 수 있었던 것은 두 일의 성격과 재미가 완전히 달랐기 때문이다. 100년의 역사를 지닌 상우인서관을 경영하는 일은 마치 기차를 운전하는 것과 같았다. 반드시 선로가 있어야 하고 마음대로 방향을 바꿀 수가 없다. 설령 새로운 방향으로의 전환이 필요하더라도 그것은 서두르지 말아야 한다. 하지만 기차는 일단 달리기 시작하면 육상에서 가장 많은 화물을 실을 수 있고 가장 빠르게 운송할 수 있는 교통수단이 된다. 반면 이제 막 태어난 다콰이문화를 경영하는 일은 마치 지프차를 모는 것과 같았다. 폭발력은 충분하고 방향의 제한도 없고 차체도 화려하고 다채롭다. 그러나 지프차는 많아야 몇 사람 밖에 태울 수 없는 교통수단이다. 밤낮을 오가며 서로 다른 두 종류의 교통수단을 운전할 수 있다는 것은 말 그대로 마음껏 즐기기에도 부족할 만큼 짜릿한 경험이었다.

하지만 결국 사람은 피곤해지기 마련이다. 특히 주말이 되면 외로이 혼자 있는 집에서 그 피로감은 더욱 진하게 밀려왔다. 그 당시 타이완은 주 5.5일 근무제여서 실질적으로는 일요일 하루만 쉴 수 있었다. 그래서 그 하루가 온전히 수면과 휴식을 보충할 수 있는 유일한 시간이었다. 비록 일요일 아침은 출근일처럼 알람을 맞춰야 할 필요는 없었지만 생체 시계는 어김없이 오전 7시쯤 나를 깨웠다. 그때부터 나 자신과 끊임없는 대화가 시작되었다.

"일어나지 마, 일어나지 마. 지금 이 각성은 착각이야. 아직 일어날 시간이 아니야. 더 자, 더 자야 해."

아마도 1분 아니 3분 정도가 지나고 나는 다시 서서히 잠에 빠져들었다. 하지만 그것은 결코 편안한 잠이 아니었다. 반쯤은 꿈속 반쯤은 깨어 있는 상태에서 끊임없이 몸부림치는 그런 불편한 수면이었다. 그리고 일주일 동안 축적된 피로와 무기력감이 뼛속 깊이 어렴풋한 의식 사이사이에서 천천히 피어올랐다.

✦

정오 무렵, 모든 피로가 온몸 구석구석을 짓눌러 뼈마디와 근육은 쑤시고 아픔이 극에 달한다. 하지만 이때는 공복에서 오는 허기짐이 나를 억지로 침대에서 일으켜 세운다. 정신이 또렷하지 않은 채로 말을 잘 듣지 않는 몸을 질질 끌고 냉장고 앞으로 가서 무언가를 꺼내 전자레인지에 넣는다. 몇 분 후 대충 데워진 음식을 아무 생각 없이 입에 밀어 넣는다. 그리고 아직도 의식이 흐릿한 상태에서 다시 몸을 끌고 방으로 돌아가 자신을 무겁게 침대 위로 내던지며 다시 수면 속으로 빠져든다. 그 다음 잠은 앞에서 끊겼던 잠의 연장선일 수도 있고 아닐 수도 있다. 예를 들어, 꿈속의 어떤 장면이 이어질 수도 있고 전혀 다른 꿈으로 바뀔 수도 있다. 하지만 그 뼈저린 피로와 근육통, 반쯤 깨어 있고 반쯤 잠든 그 고통스러운 몸부림은 여전히 계속된다. 너는 여전히 스스로에게 묻는다.

"그냥 일어날까?"

하지만 아니다. 계속 자야 한다. 다시 잠들어야 한다. 의식과 무의식의 경계선에서 몸을 이리저리 뒤척여야 한다. 희미한 의식 속에서 오후 햇살이 벽을 따라 비스듬히 기울어가는 느낌이 든다. 시간이 천천히 흘러가고 있다. 그러다 어느 순간, 하루 종일 이어진 잠의 여정 속에서 마치 깊은 낭떠러지로 떨어지는 듯한 순간이 온다. 더 이상 반쯤 깨어 있음도 반쯤 잠든 상태도 아니다. 모든 의식이 사라지고 정말로 깊이 잠에 빠져든다. 완전히 잠들어 버린다.

다시 약간의 의식이 돌아올 즈음이면 방 안은 이미 해가 져 어두워져 있다. 어렴풋이 이웃집에서 저녁을 준비하는 소리가 들려온다. 하지만 그 어떤 소리도 더 이상 너를 방해하지 못한다. 너는 말로 형용할 수 없는 상태에 들어가 있다. 온몸의 통증과 피로가 완전히 사라졌고 뼈와 근육, 피부는 모두 해방된 듯 부드럽고 편안한 상태다. 눈을 계속 감고 있는 듯하지만 어쩌면 이미 뜨고 있는지도 모른다. 어떤 의심도 어떤 기다림도 없다.

너는 안다. 이게 바로 정답이라는 걸. 일주일간의 피로, 하루 종일의 고통스러운 몸부림…… 그저 지금 이곳에 도착하는 것만으로 충분하다. 따뜻하고 잔잔한 물결 속에 몸을 맡긴 듯한 느낌이다. 할 수 있는 일은 단 하나, 그 물결이 너의 온몸의 모든 관절을 부드럽게 씻어주는 것에 그대로 맡기는 것이다. 너는 살짝 눈을 떠서 어두운 방 안을 바라본다. 마치 세상과 인사를 나누듯이 혹은 작별하듯이. 그리고 다시 잠 속으로 천천히 빠져든다. 이제 이 잠은 앞선 그 어떤 잠과 또 다르다. 이 잠을 어떻게 표현할 수 있을지 몰랐는데 나중에 문득 중국어에 "검고 달콤한 꿈의 고향[黑甜夢鄉]"이라는 표현이 있다는 것이 떠올랐다. 아마 이 느낌을 설명하기에 가장 가까운 말일 것이다.

밤 8시, 9시쯤이 되면 너는 진짜로 일어난다. 창밖엔 불빛이 반짝이고 있다. 이번에는 맑은 정신으로 부엌으로 가 먹을 만한 음식을 차린다. 그리고 몸과 마음이 모두 편안해진 상태에서 노트북을 켠다. 어제 밤에 집으로 가져온 미완성 작업 파일을 열고 정리하는 과정에 들어간다. 키보드를 부드럽게 두드리는 소리 속에서 지난주를 되돌아보고 다음 주를 내다본다.

이렇게 새벽 2시나 3시까지 일을 한다. 노트북을 끄는 순간 문득 이런 생각이 든다. 이 방 이 공간은 단지 잠만 자는 곳이 아니다. 진짜 나의 집이다. 그리고 또 깨닫는다. 이게 바로 내가 필요로 하던 주말이었다는 것을. 내가 필요로 하던 건 '잠을 기다리는 시간'이자 '잠 속에서 기다리는 시간'이었다는 것을.

잠과의 대화를 나누던 그 시절을 나는 결코 잊을 수 없다.

예기치 못했던 국정 고문

나는 스스로 그저 편집자일 뿐이라고 생각해왔다. 그런데 출판사의 사장이자 이사회 의장이 되다니…… 뜻 밖의 일이었다. 또한 출판인, 문화인에 불과하다고 여겼지만 나중에는 전혀 예상치 않게 국정 고문까지 맡게 되었다. 이런 일이 어떻게 생긴 것일까? 아마도 그동안 많은 공공 정책에 참여한 덕분일 것이다. 그 시작은 2003년에 있었던 한 사건과 관련이 있다.

2003년 이전까지 나는 기업의 책임자가 사회에 할 수 있는 최선의 책무는 회사를 잘 운영하고 주주와 동료의 권익과 복지를 잘 돌보는 것이라고 믿었다. 물론 공공 사업에 참여하기도 했지만 그것은 어디까지나 출판업과 관련된 일이었다.

그러나 2003년 홍콩에서 '홍콩기본법 제23조'에 반대하는 7.1 대규모 시위가 일어나 50만 명이나 참가하는 상황이 발생했다. 선거철마다 대규모 군중 집회가 열리는 타이완과 달리 정치에 무관심한 일반인이 많고 강력한 정당도 없는 홍콩에서 민간 단체의 주도만으로 이루어진 이 시위는 놀라운 일이었다. 당시 홍콩 인구가 600만 명 정도였다는 것을 생각하면 거의 10% 가까운 인원이 거리로 나온 것이다. 더 놀라운 것은 이 50만 명이 집회장 전 구간에서 철저히 자제하며 질서를 지켰고, 시위가 끝난 후 거리에는 쓰레기 하나 없었다는 점이다. 이것은 진정 깔끔하고 품격 있는 시민행동이었다.

이 일은 나에게 큰 충격을 주었다. 정치적 제약이 많은 홍콩에서도 이런 시민행동이 가능하다면 더 개방적이고 자유로운 타이완에서는 더 큰 가능성이 있을 것이라는 믿음과 책임감을 갖게 된 것이다. 그래서 그해 말부터 나는 정부 관료에게 공개서한을 쓰기 시작했고, 동종 업계 사람들과 함께 '타이베이도서전재단'을 설립했다. 그 후 의료 문제와 관련한 행동을 조직했고, 2008년 총통 선거를 앞두고는 '나의 희망 지도'라는 온라인 캠페인을 벌여 많은 사람들에게 미래 정부에 바라는 바를 제안해줄 것을 요청했다.

이런 활동 덕분인지 2009년 마잉주 총통이 국정 고문을 맡아달라고 요청했다. 나는 문화 정책이나 양안 관계와 관련해 어느 정도 기여할 수 있을 것이라 생각하고 이를 수락했다. 흥미롭게도 내가 이런 자신감을 가질 수 있었던 건 나 자신이 '이쪽도 아니고 저쪽도 아닌' 중도적 입장이었기 때문이다.

타이완에는 중국에 대해 극단적으로 상반된 반응을 보이는 사람들이 많다. 한쪽 극단은 본성인(本省人, 주로 1949년 이전 약 400년 동안 중국 동남 연해, 특히 푸젠성에서 이주해 온 사람) 중에 많은 사람이 갖는 중국에 대한 혐오감이고, 다른 한쪽 극단은 외성인(外省人, 주로 1949년 이후에 중국의 다른 지역에서 이주해 온 사람) 중에 많은 사람이 갖는 중국에 대한 친밀감이다. 많은 본성인들이 중국을 혐오하는 감정은 주로 2.28사건과 국민당 정부의 대만 내 강압적인 통치에 대한 기억에서 비롯되었다. 반면 많은 외성인들이 중국에 대해 느끼는 친밀감은 주로 1949년 국민당과 함께 대만으로 철수한 이후 중국에 대한 끊을 수 없는 향수에서 비롯된 것이다. 나는 본성인도 외성인도 아니었다. 게다가 1989년 처음으로 중국을 방문하여 출판 시장을 본 이후 줄곧 중국 본토에 깊은 관심을 가져왔다. 심지어 2008년에는 가족 전체를 베이징으로 이주시키고, 직접 그곳에 살며 관찰하고 협력 가능성을 찾기도 했다. 하지만 나의 문제점은 중국에 대한 향수가 없다는 것이었다. 중국 북방지역에 도착하자마자 언어도 생활습관도 금방 익숙해졌지만 그곳 사람들과 가치관과 사고방식이 완전히 달랐다. 우리는 서로 다른 세계에 사는 사람들이었던 거다.

하지만 어느 쪽에도 속하지 않는 나의 입장은 오히려 많은 사람들과는 다른 시각으로 여러 정책에 대해 다른 생각을 하게 해주었다. 그래서 나는 당시 마잉주 총통에게 중국 본토의 출판 시장, 문화 현상, 사회 심리에 대해 조언을 할 수 있을 것이라 믿었다. 그것이 그 시기에 필요한 일이라고 생각했다. 그러나 당시에 이미 내가 정치 영역에 깊이 발을 들였다는 사실을 전혀 인식하지 못했다. '국정 고문'이라는 직함을 갖게 되자 자연스럽게 스스로의 관찰과 사고를 '국정'의 수준으로 끌어올리는 연습을 시작했다. 그리고 이 무보수 국정 고문이라는 직책에서 내가 실제로 국가에 공헌하게 된 일이 무엇이었는지 그때는 알지 못했다.

2013년 6월 중순 내가 뉴욕에서 타이베이로 돌아온 첫날 미국 손님을 접대하다가 배탈이 나서 위장염을 앓게 되었다. 그날 밤 응급실에 갔다가 감기까지 걸렸다. 일주일 내내 병으로 시달렸고, 그 주말에는 원래 베이징으로 가서 가족과 만날 예정이었지만 고열이 가시지 않아 의사가 출국을 말렸다. 할 수 없이 타이베이에 남아 휴식을 취하게 되었다.

그날은 햇살이 참 좋은 토요일이었다. 거실 소파에서 내 발밑에 누운 고양이와 함께 쉬고 있었다. 며칠간 자세히 보지 못한 이메일을 훑어보고 있을 때 동료가 보낸 뉴스 보도 하나가 눈에 띄었다. 나는 그제야 타이완과 중국이 조만간 '양안서비스무역협정'(이하 '서무협정')이라는 것을 체결할 예정이라는 소식을 알게 되었고, 중국의 인쇄업이 이 협정을 통해 매우 불공정한 조건으로 타이완 시장에 진입할 수 있다는 것도 알게 되었다. 그 뉴스를 보는 순간 타이완과 중국의 출판업계에 대한 나의 이해와 더불어 그해 2월 마잉주 총통과 직접 논의한 여러 주제들 중 이 협정에 대한 언급이 전혀 없었다는 사실이 떠올랐다. 그 점이 큰 의문이었다. 나는 중국이 언론을 통제하는 국가라는 것을 너무도 잘 알고 있었다. 다른 산업은 개방할 수 있어도 출판과 인쇄 업계만큼은 절대 개방하지 않을 것이 분명했다. 그런데도 마잉주 정부가 이 협정을 통해 중국의 투자를 유치하고, 중국 역시 동일하게 개방할 것이라는 기대를 품었다는 것은 매우 순진한 생각이었다. 나는 그날 바로 마잉주 총통에게 서한을 보냈고 행정원장과 관련 부처의 수장들에게도 참조했다. 논의를 해볼 수 있기를 바랐지만 결국 총통부뿐 아니라 그 어떤 부처에서도 일체 반응이 없었다.

며칠 후 당시 문화부장관을 통해 이틀 뒤 협정이 서명될 예정이라는 사실을 알게 되었다. 그들도 다른 관계자를 통해서 겨우 들은 내용이라 이미 손쓸 수 없는 상황이었다. 나는 큰 충격을 받았다. 그날 밤 한 편의 글을 썼고, 다음 날 당시 야당인 민주진보당과 연락하여 국회 당대표 사무실에서 기자회견을 열고 '우리에게 남은 시간은 24시간도 안 된다'는 제목의 성명문을 발표했다. 그 글에서는 마잉주 정부의 양안 정책이 얼마나 무지하고 거칠며 만약 이 '서비스무역협정'을 체결할 경우 타이완의 출판, 인쇄 및 유통 산업에 얼마나 큰 피해가 있을지, 나아가 타이완 전체가 얼마나 위험에 빠질 수 있는지를 조목조목 지적했다. 그 글은 커다란 반향을 불러일으켰다.

그러나 마잉주 총통의 협정 대표는 결국 6월 21일 오후 상하이에서 '서무협정'을 체결했다. 내용이 공개되자 수많은 업계에서 반대의 목소리를 내기 시작했다. 이른바 '반서무운동'이 촉발되었다. 간단히 말해 이 협정은 타이완의 경제 생명을 중국에 묶어두는 것이었다. 마잉주 총통은 당시 급성장 중이던 중국에 기대어 타이완 경제를 부흥시키려는 생각에 사로잡혀 있었지만 이는 결국 중국이 타이완을 경제적으로 병합하게 되는 길이었다. 마잉주 총통 또한 이 협정이 큰 논란을 불러올 것임을 잘 알고 있었기에 체결 이전에는 관련 내용을 철저히 비밀에 부쳤다. 내각에서도 극히 일부 인사만 내용을 알 정도였고, 입법기관에서는 여야를 막론하고 아무도 그 내용을 알지 못했다. 심지어 여당 소속 국회의장인 왕진핑王金平조차 전혀 모르고 있었다.

결과적으로 이 협정이 체결된 후 국회 내 과반을 차지하고 있던 국민당 의원들조차도 협정의 즉시 발효를 지지하지 않았다. 나는 국정 고문으로서 한 달 동안 항의한 끝에 국회 청문회에 참석할 기회를 얻었고 이를 이유로 공식적으로 사직서를 제출했다. 이어서 민간에서 조직한 '반서무운동'에 참여하며 가능한 한 장기적인 투쟁으로 이끌고자 했다.

  9개월이 지난 후 결국 마잉주 총통의 압력 아래 국민당이 다수인 국회는 이 협정의 통과를 강행하였다. 그들의 독단은 학생들이 국회를 점거하는 사태를 촉발시켰다. 이것이 바로 그 유명한 타이완의 '해바라기(태양화)운동'이다. '해바라기운동'은 타이완 사회의 여러 사회 운동 단체들이 함께 참여한 연대의 장이었다. '반서무운동'에 새로운 전기를 마련해주었으며 결국 협정의 발효를 저지하는 데 성공했다. 나는 이 역사적인 사건 속에서 '반서무운동의 첫 총성을 울린 사람'으로 불린 것을 매우 영광스럽게 생각한다.

  내가 비록 '교포생'이자 '장애인'이라는 이중 소외자의 신분으로 타이완에 왔지만 학업, 취업, 가정을 이루고 성장해 나가며 출판업계에서 마음껏 활동했을 뿐만 아니라 국정 고문이라는 자리까지 맡을 수 있었던 것은 타이완이라는 곳이 얼마나 개방적이고, 자유롭고, 포용력 있는 곳인지를 여실히 보여준다. 처음 국정 고문이라는 직책을 수락한 것도 조금이나마 국가에 기여하고 싶었던 마음이자 이 땅에 대한 감사를 표현하기 위함이었다. '반서무운동'의 첫 총성을 울린 것 역시 나의 사랑과 감사를 담아 이 땅을 지키기 위한 작은 실천이었다. 물론 그 과정은 매우 큰 압박감 속에서 이루어졌다. 내가 마잉주 총통의 위촉을 받아 국정 고문이 된 사람인데 그의 정책을 반대했을 뿐 아니라 야당 의원들과 함께 기자회견을 열어 그를 비판하다니…… 아무리 생각해도 이것은 일반적인 상식이나 예의 차원에서 매우 비상식적인 일이었다. 하지만 그 긴박했던 순간 내가 오직 염두에 둔 것은 어떻게 하면 효과적으로 경고의 메시지를 전달할 수 있을지, 또 어떻게 하면 이 소중한 타이완을 중국으로부터 지킬 수 있을지를 생각하는 일이었다. 이때 내가 떠올린 것은 저녁 바다 바람 속에서 술주정뱅이 거한에게 따귀를 날리던 지 선생님의 모습이었다.

나의 생명 수와 3, 6, 9

마흔 살 이전까지는 순수하게 출판인으로만 살아왔는데 그 이후로는 점점 더 많은 역할이 생겼다. 도대체 이게 어찌된 일인지 나 자신도 궁금했다.

2010년 어느 밤, 터키식 커피 점(占)을 할 줄 아는 친구가 내 양력 생년월일을 각 칸에 써넣고 더하고 빼기를 반복하더니 1

분도 안 되어 하나의 도표를 만들어냈다. 나는 커피 점에는 별 관심이 없었지만 그 도표에는 즉시 매료되었다. 그 친구가 내게 보여준 것은 바로 생명 수[Numerology, 수비학數祕學]였다.

동서양을 막론하고 인류는 아주 오래전부터 숫자를 통해 우주와 운명의 비밀을 탐구해왔다. 중화 문명에서는 이 탐구가 태고로부터 팔괘와 64괘로 발전했고, 이를 해석하는 《역경(易經)》으로 이어졌다.

메소포타미아 문명에서는 수메르인이 기원전 3,000년 전부터 숫자 체계를 발전시켰다. 이 체계는 후에 여러 지역으로 퍼져나갔고, 고대 그리스 수학자 피타고라스Pythagoras에 의해 더욱 발전하게 되었다. 피타고라스는 단순한 수학자가 아니라 철학자이자 신비주의자였다. 그는 모든 숫자가 고유의 진동 주파수와 에너지를 가지고 있으며, 세상의 모든 사물은 각각 대응되는 숫자가 있다고 믿었다. 이를 통해 우주의 비밀을 엿볼 수 있다고 본 것이다.

하지만 서양에서는 기독교 문명이 주류가 되면서 이러한 생명 수 체계는 미신이나 이단으로 여겨져 오랜 암흑기를 겪게 되었다. 그러다 19세기 말~20세기 초에 이르러 다시 대중의 관심을 받으며 수면 위로 떠올라 그때부터 'Numerology'라는 영어 이름도 쓰이기 시작했다.

생명 수(數)에는 세 가지 주요한 체계가 있다. 첫째는 숫자 자체의 에너지를 이해하는 체계, 둘째는 생년월일 속에 깃든 에너지를 읽는 체계, 셋째는 이름 속에 담긴 에너지 패턴을 분석하는 체계다. 첫째와 둘째를 통합한 계산법이었다.

"와, 너의 생명 수는 정말 특별하다. 오직 3, 6, 9만 있어!"

그녀가 말했다. 특히 이 숫자들이 상징하는 에너지 특성을 설명해주었을 때 나는 완전히 압도당했다. 사실 나는 어릴 때부터 3, 6, 9라는 숫자를 특별히 좋아했다. 이 숫자들이 나에게 행운을 가져다 준다고 믿을 정도였다. 복권을 살 때면 반드시 이 숫자들을 골랐다. 비록 당첨된 적은 한 번도 없지만 말이다.

3은 호기심, 창의성, 전달의 숫자다. 즉 창의성에서 에너지를 끌어오는 숫자다. 나는 평생 출판과 글쓰기를 해왔기 때문에 이 숫자와 잘 어울린다. 6은 배려, 친밀한 관계를 중시하는 숫자다. 즉 친밀한 관계에서 에너지를 끌어오는 숫자다. 나는 그런 면에서 부족함을 느낀 적이 없다. 9는 꿈을 추구하고 먼 곳을 바라보며 희망을 품는 숫자다. 즉 이상과 꿈에서 에너지를 끌어오는 숫자다. 내가 열여덟 살에 한국에서 타이완으로 홀로 건너올 수 있었던 것도, 이후에 출판인의 역할을 넘어 공공 정책에 참여하며 사회와 국가를 위해 무언가를 하고자 했던 것도 모두 이 9라는 숫자가 지닌 에너지의 영향이었다.

그때부터 나는 이 생명 숫자에 푹 빠졌다. 호기심에 사로잡혀 관련 서적을 찾아 읽기 시작했고, 계산법이 간단했기 때문에 다른 사람들의 수를 계산해주기도 했다. 나는 이것이 자신을 이해하는 데 매우 유용한 도구라고 생각했다. 하지만 그 후 이 도구는 나 자신도 몰랐던 어두운 면들을 보여주기도 했다.

블랙홀에 빠지다

2021년은 단테가 세상을 떠난 지 700주년이 되는 해였다. 그해는 코비드COVID 팬데믹으로 인해 볼로냐도서전에 참석할 수 없었지만 나는 일러스트 특별판 《신곡》을 직접 편집했다. 그 책은 이탈리아의 대표적인 화가 로렌초 마토티Lorenzo Mattotti를 포함한 세 명의 고전 일러스트 작가들이 연옥, 지옥, 천국을 해석한 작업을 담고 있다.

그해 연말 나는 타이완과 이탈리아 간의 문화 교류를 촉진

한 공로로 훈장을 받았다. 이탈리아 대통령이 수여한 기사 훈장이었다. 그러고 보면 나는 성장 과정에서 오랜 시간 동안 이탈리아의 문학, 이미지, 영화, 음악으로부터 다양한 영양분을 받아왔다. 사회생활을 시작한 이후에는 편집자이자 출판인으로서 내가 사랑하는 다양한 분야의 이탈리아 작품을 타이완 독자들에게 소개하는 일이 내 삶과 일의 자연스러운 일부가 되었다. 그래서 이탈로 칼비노Italo Calvino, 브루노 무나리Bruno Munari, 잔니 로다리Gianni Rodari와 같은 작가들을 타이완에 소개할 때, 내가 그들을 얼마나 사랑하는지 알리고, 더 많은 사람들이 그들을 좋아하게 되길 바라는 마음이었다. 이처럼 내가 좋아하는 것을 다른 사람들과 나누었을 뿐인데 이런 영광을 얻은 것은 참으로 영예롭고 대단히 운 좋은 일이다.

사실 훈장을 받던 그 순간은 내 인생에서 가장 어두운 시기였다. 사업은 침체기에 있었고, 두 번째 결혼 생활도 곧 파국을 맞이할 상황이었다. 생명 수에 대한 이해가 깊어질수록 내가 자랑스럽게 여겼던 3, 6, 9라는 숫자들의 단점과 어두운 면이 보였다. 실제로 그 세 숫자가 점점 더 나를 막히게 했다. 나는 인생의 거대한 블랙홀에 빠져 있었다.

4부 믿음의 힘

두 번의 결혼 실패

2021년, 나는 인생에서 깊은 어둠 속으로 들어갔다. 아니 어쩌면 하나의 어둠에서 또 다른 더 깊은 어둠으로 걸어 들어간 셈이었다.

일적으로는 21세기에 들어선 직후부터 전통적인 종이 출판이 점점 더 어려워질 것임을 예감하고 변화가 필요하다고 느꼈다. 그래서 2010년 AR 신기술을 활용해 서양인들에게 한자를 가르치는 콘텐츠를 개발해 뉴욕에서 사업을 시작했지만 결국 실패하고 말았다. 다시 타이완으로 중심을 옮겼으나 상황은 나아지지 않았다. 특히 최근 5년간 영상, 숏폼, SNS, AI 등 거대한 파도가 연이어 닥치면서 나는 종이책의 황금기를 누렸던 출판인으로서 내가 익숙하고 잘한다고 믿어왔던 방식들이 시대에 뒤처진 건 아닌가 회의가 들었다. 내가 고집해온 출판의 원칙과 가치들이 너무 낡은 것이 아닌지, 새로운 시대에 새로운 꿈을 꿔야 한다면 이제 노인 카드를 발급받을 나이가 된 내가 과연 그 꿈을 좇을 수 있을까 스스로 회의하게 되었다. 물론 당시에는 팬데믹의 영향도 매우 컸다. 일에 대한 압박은 심했고 매일 돌파구를 찾아 고민하며 살았다.

바로 그런 시기에 더 큰 충격이 찾아왔다. 어느 날 퇴근 후, 만화 각본이 영화로 제작되어 받은 원고료를 아내의 생일 선물로 주기 위해 얼른 집에 들어갔다. 기쁜 마음으로 그 이야기를 전하는데 아내는 뜻밖에도 "이혼하고 싶다."고 말했다. 그녀는 나의 두 번째 아내로 우리 부부는 이미 20년 넘게 함께 살고 있었다. 우리는 인터넷을 통해 만나 사랑을 키웠고 결혼한 케이스였다. 생활 방식, 일, 관심사 모두 큰 차이가 있었지만 나는 서로가 서로를 보완해주는 '천생연분'이라 믿어왔다. 아이를 낳고 난 뒤 아내가 큰 병을 앓았고 나는 곁에서 간병하며 생사의 고비를 함께 넘기기도 했다. 비록 일상에서 사랑의 불꽃은 예전 같지 않았어도 나는 우리가 함께 늙어갈 인생의 최종 반려자라고 굳게 믿고 있었다.

아내의 고백은 정말 충격적이었다. 사전에 전혀 기미가 없었기에 처음엔 놀랄 새도 없이 멍해졌다. 어떻게 이런 생각을 하게 되었냐고 묻자 아내는 우리 사이의 생활 습관과 관심사가 너무 달라서 오래전부터 생각해왔던 일이라 했다. 결정적인 결심은 10년 전에 이미…… 단지 아이가 어렸기 때문에 참아왔다는 것이다.

"지금까지 결혼을 유지한 건 인내와 아이를 위한 책임감 때문이었어요. 하지만 아이도 이제 다 컸으니 나는 더 이상 참고 싶지 않아요. 내 인생을 살고 싶어요!"

나는 큰 충격을 받았다. "내가 고치겠다."고 말했지만 아내는 "이 나이에 사람이 변하겠냐."며 단호했다. 결국 아내의 결심이 확고함을 알고 나는 더 이상 아내의 새 인생을 막고 싶지 않아 이혼에 동의했다. 마치 불경에서 말하듯 '무상'을 받아들이며……

내면 깊은 곳에서 나는 큰 좌절감을 느꼈다. 첫 번째 결혼을 실패했을 때, 나 자신을 돌아보며 반성하고 고치기로 결심했는데 어째서 똑같은 일이 다시 반복된 걸까?

두 가지 에너지가 준 혼란

나는 두 번째 이혼 전에 첫 이혼의 교훈을 나름대로 분석하고 반성했다고 자부했었다. 생명 수의 관점에서 보면 첫 번째 결혼의 실패는 내가 '9'라는 숫자의 에너지를 지나치게 중시하고, '6'의 에너지를 너무 소홀히 했기 때문이었다. 9와 6은 모두 '배려'라는 공통점을 가지고 있지만 큰 차이점이 있다. 바로 '배려의 순서'가 다르다는 것이다. 비유하자면, 6은 전등이나 등불처럼 가까운 곳부터 밝히는 에너지다. 배려의 순서도 가까운 사람부터 먼 사람으로 이어진다. 즉 자기 자신 → 가족 → 동네의 길고양이 → 도시의 노숙자 → 우크라이나 전쟁 난민 순이다. 반면 9는 등대처럼 멀리 있는 곳부터 비추는 에너지다. 배려의 순서가 먼 곳에서 가까운 곳으로 온다. 즉 우크라이나 전쟁 난민 → 도시의 노숙자 → 동네의 길고양이 → 가족 → 자기 자신 순이다.

9와 6의 대비는 내가 왜 그렇게 행동했는지를 이해하게 해주었다. 서른 살 이전에 나는 가깝지 않은 친구에게는 축의금을 많이 주고 친한 친구에게는 소액만 주곤 했다. 왜냐하면 가까운 친구에게까지 큰 금액을 줘야 한다면 그게 무슨 친한 사이냐는 생각이 있었기 때문이다. 반대로 친하지 않으니까 정성을 보이기 위해 더 크게 주는 게 맞다고 여겼다. 마찬가지로 돈을 빌린 경우에도 덜 친한 사람에게는 먼저 갚고 가까운 사람에게는 나중에 갚아도 괜찮다고 생각했다. 심지어는 아주 가까운 사람에게는 "고맙다."는 말을 하지 않는 게 예의라고 생각했었다. 감사의 말을 하는 것이 오히려 우정을 더럽힌다고 느꼈던 것이다. 이런 내 생각에 대해 두 사람이 나를 일깨워 주었다.

어느 날 나는 아주 자랑스럽게 내 생각을 이야기했다. 듣던 사람이 나에게 물었다.

"그럼 친한 친구들은 당신에게서 어떤 이득을 얻을 수 있나요?"

또 한 번은 저녁 무렵 집에 돌아왔을 때 당시 첫 아내가 갑자기 화를 내며 나에게 말했다. 쉽게 감정이 격해지는 사람이 아니었는데 그날은 왠지 달랐다.

"왜 가족이 당신 친구만도 못한 거죠?"

그 두 가지 질문은 나에게 큰 충격을 주었다.

나는 친소(親疎)의 의미에 대해 다시 생각해보기 시작했다. 이후 축의금에 관해서는 가까운 친구에게 더 많이 주는 것이 맞다는 걸 이해하게 되었지만 가족을 소중히 여기는 순서에 대해서는 여전히 고치지 못했다. 그 결과 첫 번째 결혼은 이혼으로 끝나 버렸다.

두 번째 결혼에서는 그 교훈을 받아들여 항상 가정을 1순위로 여기려고 노력했다. 생명 수를 공부하면서 나는 자신이 '9'

라는 등대를 통해 세상과 연결되고자 하는 사람이라는 걸 깨달았다. 하지만 등대를 높이 세울수록 등대 아래 있는 나의 집은 점점 더 어두워졌다. 나는 이 현상을 인지한 뒤에는 가정에 좀더 관심을 쏟고 '6'이라는 등불도 켜고 어두운 곳까지 밝혀서 9와 6이 완벽하게 보완되리라 믿었다. 하지만 결과적으로 또 실패하고 말았다. 가족과 가정에 집중하려는 시도는 다시 무너졌다. 그럼 도대체 어떻게 해야 할까? 게다가 9와 6의 대비는 일에서도 많은 혼란을 야기했다.

자기혐오

출판업계에서 수십 년간 열심히 일했지만 기본적으로 나는 돈을 벌기 위해 이 일에 매진한 건 아니었다. 내가 출판에 몰두한 이유는 일이 재미있거니와 특별한 일들을 이루어내고 싶었기 때문이었다. 또한 출판이라는 분야에 존재하는 이상이나 원칙을 실현하고 싶었기 때문이다. 나는 이러한 이상과 원칙을 잘 실현하면 회사도 자연스럽게 생존하고 성장할 수 있다고 믿었다. 수익이나 규모는 내가 이루고자 했던 이상을 따르는 부산물에 불과했으며, 결코 그것이 주요 목표는 아니었다.

이것은 분명히 9와 6의 대비다. 6의 관점에서는 사업은 돈을 벌어 안정적으로 성장해야 한다는 것이고, 9의 관점에서는 이상과 꿈을 추구하는 것이다.

내가 공적인 일에 참여했던 과정을 되짚어 보면 9와 6의 차이는 더 뚜렷하다. 지난 10여 년간 출판 산업은 디지털 파도의 충격 속에서 점점 더 힘들어졌지만 나는 대부분의 에너지를 '서비스무역협정'이나 '해바라기운동'처럼 국가와 사회 전반에 관련된 큰 문제에 집중해왔다. 그 다음이 '타이베이국제도서전'처럼 출판 산업 전체와 관련된 일들이었고, 마지막이 우리 출판사 '다콰이'의 경영이었다. 이것은 전형적인 9의 '먼 데서 가까운 곳으로' 관심을 기울이는 순서다.

일하는 태도나 방식에서도 마찬가지였다. 나와 가까이서 일하는 사람들은 종종 나를 '인내심이 없고 성격이 급하다'고 말한다. 확실히 그랬다. 가까운 사람일수록 '우리가 이렇게 오래 함께했는데 왜 이런 간단한 것도 모르지?' 하는 생각이 자주 들었다. 하지만 공적인 일을 처리할 때는 달랐다. 갑자기 사람 사이의 감정이나 상황에 민감한 안테나가 여러 개 생긴 것처럼 섬세하게 반응하며 인내심 있게 복잡한 일도 차분히 설명하고 풀어간다. 이런 '친소의 차이' 역시 9와 6의 대비다. 공적인 일을 할 때는 상대방과의 거리감이 있다는 걸 알고 잘 대하려고 하지만, 자기 집안의 일에는 '우린 가까우니까'라는 이유로 감정을 숨기지 않는다.

또 한 가지, 가족에게는 6의 에너지를 잘 쓰지 못했지만 회사 동료들에게는 안 그랬다. 업무에서 나의 6은 '어머니의 힘'이었다. 뭐든 다 챙기고 다 감싸안았다. 결과적으로는 직원들이 숨막힐 정도로 압박을 느끼거나 나에게 지나치게 의존하게 되었다. 그건 그들의 성장에도 도움이 되지 않았다. 나는 나 자신의 6이라는 숫자 에너지를 새나가게 하거나 잘못 쓰거나 남용하고 있었다는 걸 알게 됐다. 9 역시 마찬가지였다. 나는 너무 9에 몰두했다. 이상과 꿈을 너무 중시하다 보니 모든 일을 너무 멀리 너무 크게만 보려 해 결과적으로는 친한 사람의 마음을 상하게 하거나 항상 공중에 뜬 듯한 태도를 갖게 되었다. 심지어 내가 가장 자랑스럽게 여겼던 숫자 3에 대해서도 더는 좋아하지 않게 되었다. 3이 상징하는 끊임없는 호기심과 창의성은 사실 내 마음을 ADHD처럼 만들어 늘 산만하고 일에 집중을 못했다.

나는 점점 스스로에게 혐오감을 느끼기 시작했다. 만약 종교적 신념이 나를 받쳐주지 않았다면 결국 해답을 찾기도 전에 무너졌을 것이다.

한 번의 신비한 체험

사람은 네 가지 유형으로 나뉠 수 있다.

첫 번째는 무신론자다. 발밑에 밟고 있는 것이 땅이고 머리 위에 있는 것이 하늘일 뿐 그 외에는 아무것도 없다고 믿는다. 죽은 후에도 먼지는 먼지로 흙은 흙으로 돌아갈 뿐 다른 세계는 없다고 여긴다.

두 번째는 유신론자다. 이 세상 너머에 또 다른 존재가 있다고 믿는다. 천국이 있고 지옥이 있으며 지고한 신의 존재가 있다고 믿기 때문에 어떤 종교라도 선택해 신앙을 갖는다.

세 번째는 비무신론자다. 종교 신앙은 없지만 어딘가에 신비한 힘이 존재한다고 믿는다. "머리 위 세 자 높이에 신이 있다."는 말처럼 보이지 않는 존재를 느끼는 사람이다.

네 번째는 비유신론자다. 위의 모든 분류에 속하지 않지만 동시에 모두 포함되기도 한다. 가장 큰 특징은 어디서든 절이 보이면 기도하고, 신만 있으면 무조건 절부터 하는 식이다.

1989년 이전의 나는 '비무신론자'였다. 교회도 가지 않고 절에도 가지 않았지만 어딘가 '하늘'이 있다고는 믿었다. 내가 올바르게 살기만 하면 하늘이 반드시 보답해 줄 거라고 생각했다. 1989년, 나는 종교와의 첫 접촉을 경험했다. 그해 여름 나는 여러 가지 고통에 시달리고 있었다. 회사에서는 인수한 지 얼마되지 않은 스바오출판사를 개편하느라 정신이 없었고, 가정에서는 내가 돌보지 못한 탓에 걱정이 많았다. 게다가 겨드랑이와 허벅지 안쪽에 생긴 습진은 오랫동안 낫지 않아 더운 날씨에 땀이 나면 가렵고 따가워서 피가 날 정도로 긁었다. 악순환이었다. 그 여름 나는 딴사람에게 말 못하는 이 병 때문에 살아 있는 게 고통스러울 정도였다.

그러던 어느 날 아침, 사무실에 출근해 서랍을 열었는데 '후이신자이주慧心齋主'라는 분이 준 소책자가 눈에 들어왔다. 노란색 표지에 정병을 든 관세음보살의 이미지 그리고 그 옆에 적힌 '대비주(大悲咒, 신묘장구대다라니)'라는 글자! 나는 아무 생각 없이 책을 집어 들고 조용한 사무실에서 천천히 읽어 나갔다. 다 읽고 나니 머리가 멍했다. 업무를 시작했지만 계속해서

<대비주>를 다시 읽고 싶은 충동이 강하게 일었다. 결국 오후 4시쯤 조퇴를 하고 집으로 돌아와 방에 틀어박혀 다시 읽기 시작했다. 한 번, 두 번…… 읽다 보니 점점 속도가 붙어 나중에는 혀가 따라가지 못할 정도로 빠르게 읽고 있었다. 그리고는 눈물이 하염없이 쏟아졌고, 아이의 귀가 소리를 들은 후에야 겨우 울음을 멈출 수 있었다.

신기한 일은 다음 날 아침 잠에서 깨었을 때 일어났다. 늘 고통스럽던 습진 부위—겨드랑이와 허벅지 안쪽—가 완전히 말라 있었다. 전날까지만 해도 진물과 피고름으로 엉망이던 피부가 마치 홍수가 물러간 뒤의 마른 땅처럼 말끔해진 것이다. 이전의 흔적이라곤 짙은 자줏빛으로 변한 피부색뿐이었다. 수년간 나를 괴롭히던 고질병이 하룻밤 사이에 말끔히 나은 것이다. 한 번도 라디오를 본 적 없는 사람이 라디오 주파수를 맞춰 소리를 내는 걸 보고 놀라는 것처럼 한 번도 종교를 접해본 적이 없는 사람이 신앙을 통해 신비한 체험을 하게 되면 똑같이 놀라게 된다. 도대체 이게 무슨 일일까? 나는 궁금했다. 너무나 궁금했다.

그 이후에도 나는 여러 번 강렬하고 신비한 체험을 했다. 이렇게 나는 불교에 입문했다. 처음에는 이런 현상들이 왜 일어나는지 어떻게 하면 더 큰 능력으로 이런 신비한 현상을 체험할 수 있을지 오랜 시간 탐구했다. 그 사이 불법을 신봉하는 홍치쏭洪啟嵩이라는 분이 나에게 이렇게 말씀하셨다.

"수행자는 신통력에 집착해서는 안 됩니다."

그 말을 듣고 나는 망치로 얻어맞은 것처럼 정신이 아찔했다. 마침 그즈음 불교 경전에서도 또한 이런 이야기를 읽었다.

부처님의 제자 중 목건련(목갈라나)은 제일 '신통'했다.

그는 비둘기 한 마리를 보고도

그 비둘기의 과거 천 생과 미래 천 생의 인연과 업보를 알 수 있었다.

사람들은 그 놀라운 신통력을 보며

과연 그 능력이 부처님의 지혜와 비교할 수 있을지 궁금해했다.

부처님은 이렇게 대답하셨다.

"그 비둘기 깃털 하나를 천 조각으로 나누고

그 천분의 일로 바닷물을 찍어본다면

그 물방울만큼이 목건련의 신통력이고

그 바다 전체가 나의 지혜이니라."

이 이야기는 나에게 커다란 깨달음을 주었다. '불법(佛法)'을 배운다는 것은 그 천분의 일에 불과한 깃털을 좇는 것이 아니란 것을 알게 되었다.

많은 사람들이 과학으로 설명할 수 없는 현상들을 쉽게 미신이라고 치부한다. 그런데 신비한 에너지를 믿지 않는 사람일수록 누군가 조금만 신기한 능력을 보여주면 그 사람을 마치 우주의 창조자인 양 숭배하는 경우가 많다. 나는 다행히도 비교적 이른 시기에 이런 신비한 체험을 통해 미리 '면역'이 생겼다. 그 덕분에 이후 어떤 위대한 스승이 얼마나 놀라운 능력을 보여줘도 흔들리지 않았다. 누군가가 대사(大師)에게 전생의 인연을 들었다고 무작정 숭배하는 모습을 볼 때마다 나는 목건련의 이야기를 떠올린다. 과거와 미래 천 생을 다 아는 자도 깃털 천 분의 일에 불과하다면, 고작 한두 번의 전생 이야기를 할 수 있는 사람은 이백만 분의 일도 안 될 것이다.

선칠의 의미

1990년, 나는 선종에서 웨이줴(惟覺) 스님께 귀의하고 바리八里의 영천사(靈泉寺)에서 선칠(禪七)을 체험하기로 결심했다.

선칠이란 일주일(7일)의 시간 동안 집중적인 참선을 통해 깨달음을 얻고자 하는 수행이다. 나는 마음속으로 '반드시 성공하겠다'는 결의를 다지고 산에 올랐다. 산에 오르기 전 나는 불경과 여러 공부를 통해 불법은 집착을 내려놓고, 그로 인해 생기는 분별심도 깨뜨려야 한다는 사실을 어느 정도 이해하고 있었다. 그래서 내 자신을 돌아보며 생각했다. 금전에 대한 집착은 비교적 덜하니 '빈부'에 대한 분별은 어렵지 않게 내려놓을 수 있을 것 같았다. '귀천', '미추' 같은 기준도 어느 정도는 괜찮았다. 하지만 '선악'은 내려놓기 어려웠다. 인간은 부끄러움을 알고 가치관을 지키기에 동물과 다르지 않은가? 그렇다면 왜 선과 악조차 내려놓아야 할까? '악을 생각하지 말라'는 건 그럴 수 있다 쳐도 왜 '선을 생각하지 말라'고까지 하는가? 나는 본래 '악을 증오하는' 성격을 자랑스럽게 여겨왔다. 만약 내가 선에 대한 판단과 고집마저 내려놓는다면 나는 어떤 사람이 될 것인가?

《반야심경》에서는 "제법공상 불생불멸 불구부정 부증불감(諸法空相 不生不滅 不垢不淨 不增不減)"이라고 했다. 그중 '불생불멸', '부증불감'은 아직 이해할 수 없지만 그럴 수도 있다고는 받아들일 수 있었다. 하지만 '불구부정' 즉 '더러움도 깨끗함도 없다'는 말은 도저히 납득되지 않았다. 이건 마치 '선도 아니고 악도 아니다'라는 말과 같았다. '악이 아님'은 받아들일 수 있었지만 '선도 아님'은 이해가 되지 않았다.

《금강경》에서는 "응무소주 이생기심(應無所住 而生其心)"이라 했는데, 왜 '선'에도 머물지 말라고 하는가? 선을 기준으로 마음을 내는 것은 좋은 일 아닌가? 나는 이런 의문을 안고 산에 올랐다.

선칠을 해본 사람은 모두 알겠지만 7일 동안에는 일정한 흐름이 있다. 처음 3일은 대부분 '여기 앉아 있는 게 무슨 의미가 있지?', '차라리 이 시간에 내려가서 더 의미 있는 일을 하는 게 낫겠다'라는 생각으로 계속 도망치고 싶은 충동과 싸운다. 4일째가 되면 그 충동을 어느 정도 내려놓고 현실을 받아들이며 비교적 안정적으로 좌선에 임하게 된다. 5일째부터는 집중력이 생기고 마지막 이틀은 그 성과를 다듬고 확장하는 시간이다.

나 역시 이런 과정을 밟았다. 그리고 이번 선칠에서 얻은 첫 번째 깨달음은 왜 '선악의 분별심'을 내려놓아야 하는지, 왜 '선'조차 집착해서는 안 되는지를 이해하게 된 것이다.

4일째, 나는 방금 전까지 온갖 이유로 '이 시간을 낭비하지 말고 빨리 내려가야겠다'며 스스로를 설득하던 순간을 겨우 이겨내고 안정되게 앉을 수 있었다. 고요히 앉아 내 머릿속에 떠오르는 생각들을 바라보았다. 예를 들면 이렇다.

먼저 선당(禪堂)을 떠올렸다 → 식당 → 젓가락 → 대나무 → 숲 → 원시인 → 불 → 전등 → 전기 → 에디슨. 이런 흐름은 내가 충분히 인지할 수 있었다. 그런데 갑자기 아무 맥락도 없이 벌거벗은 남녀가 난잡한 행위를 하는 장면이 머릿속에 떠올랐다. 예전에 읽었던 소설 속 장면이었다. 나는 깜짝 놀랐다. 만약 내가 패션쇼를 떠올리다가 그 미녀의 이런 장면이 머릿속에 떠올랐다면 이해할 수도 있겠지만…… '전기 → 에디슨'으로 이어지던 흐름에서 갑자기 그런 장면이 튀어나온 것은 도저히 이해할 수 없는 일이었다. 나는 처음으로 깊이 느꼈다. 내 생각은 내가 통제하지 못한다, 아니 나는 나 자신을 통제하지 못한다는 사실을 말이다. 이런 뜬금없는 생각은 한 번뿐이었을까? 평소 내가 옳다고 믿고 고집하는 어떤 '선'의 기준들조차 사실은 이런 생각들처럼 불쑥 솟아오른 무의식적이고 통제되지 않은 망상이 아니었을까? 그 순간 나는 예전에 본 터키 영화 <욜 YOL>의 한 장면이 떠올랐다.

<욜>은 감옥에서 콘티를 몰래 그려 외부로 전달해 만든 영화로 1982년 칸영화제 황금종려상을 수상했다. 이 영화는 출소한 한 사람의 이야기다. 이 사람은 체포 과정에서 처남의 죽음에 연루되어 아내의 친정으로부터 용서를 받지 못한다. 그는 출소 후 친정에 몸을 의탁하고 있는 아내를 찾아가지만, 아내의 가족들은 그를 적대시하며 가족을 데려가는 것을 허락하지 않는다. 그러나 아내는 가족의 반대를 무릅쓰고 자녀들을 데리고 그와 함께 도망친다. 오랜만에 재회한 부부는 도망 중인 기차 안에서 감격을 이기지 못하고 화장실 안으로 들어가 애정을 나누다가 화장실 밖에 몰려든 사람들에게 맞아 죽을 뻔한다. 간신히 경찰이 그들을 구해냈지만, 경찰이 잠시 자리를 비운 사이 아내의 친정 식구들이 뒤따라와 두 사람에게 총을 쏘아 죽이고, 아이들을 데리고 돌아간다.

그때 나는 궁금했다. 부부가 화장실에서 애정을 나눈 게 왜 승객들에게 그리 불쾌한가? 부부가 새 삶을 살겠다는데 왜 장인 측이 끝까지 쫓아와 죽이려 하는가? 그 의문이 바로 이 순간 되살아났다. 그들은 모두 '정의'를 자처하고 있었던 것이다. 그러나 그것은 한쪽 편의 폭력이었다. '선악', '시비'는 결국 익숙한 관념의 투영일 뿐이다. 시대와 지역에 따라 '미와 추'의 기준이 다르듯 '선과 악'도 상대적인 것이다.

불법에서 말하는 '불사선 불사악(不思善 不思惡)'이란 선악을 판단하지 말라는 뜻이 아니라 그것들이 습관화된 관념 즉 생각의 일종이라는 걸 알라는 뜻이다. 우리는 그런 생각들을 얼마나 자각하고 통제할 수 있을까? 그리 많지 않다. 그래서 집착하지 말라는 것이다.

선칠은 바로 이런 생각들과 조우하고 이해하고 다스리는 연습이다. 자신의 생각을 주인으로 다루는 연습이다. 생각의 노예가 아니라 생각의 주인이 되도록.

이 깨달음을 얻은 뒤 남은 이틀은 수행의 방향이 더욱 뚜렷해졌다. 7일째 되는 날, 마침내 《반야심경》의 "제법공상 불생불멸 불구부정 부증불감"이 왜 있는지를 이해하였다. 산을 내려온 뒤 내 인생은 전혀 다른 모습이 되었다. 불법에 대한 이해도 달라졌고, 《금강경》도 마침내 제대로 손에 잡히기 시작했다.

《금강경》과 불법

《금강경》이란 무엇일까? 불법은 종교를 초월한 것이며 심지어 종교가 아니라고 말하는 사람도 있다. 그러한 주장을 뒷받침하는 대표적인 경전이 바로 《금강경》이다. 다른 불경들은 대부분 여러 부처님이나 보살의 공덕과 행적 또는 그들에게 어떻게 기도하고 공부해야 하는지를 설명한다. 그러나 《금강경》은 다르다. 《금강경》은 외부의 부처나 보살이 아니라 각자의 '마음' 다시 말해 '생각'에 대해 이야기한다. 《금강경》은 어떻게 생각을 다스릴 것인가에 대해 말해준다. 그렇다고 해서 생각이 떠오를 때마다 억누르고 없애려는 방식은 아니다. 그런 방식은 오히려 억제할수록 반발심이 커져 생각을 통제하기 더욱 어려워질 수 있다. 《금강경》이 말하는 바는 생각에 대한 깨어 있는 자각, 그 생각들이 허상이고 실체가 없다는 것을 이해하고 직면하는 태도다.

인간의 생각에 대한 태도는 크게 네 가지 유형으로 나뉜다.

첫 번째, 자신이 생각에 휘둘리고 있다는 사실조차 모르는 사람이다. 습관적인 고정관념에 지배당하고 있으면서도 그것을 모른다. 당연히 생각을 다스려야 한다는 필요성도 느끼지 못한다.

두 번째, 자신에게 어떤 고질적인 사고방식이 있다는 것은 알지만 정작 그 생각이 올라올 때는 통제하지 못하는 사람이다. 나중에야 '왜 또 그런 실수를 했을까?' 후회한다. 즉 알지만 고치지 못하는 상태다.

세 번째, 늘 생각을 관찰하며 감시하려는 사람이다. 바람직하지 않은 생각이나 습관이 다시 올라올 때 즉시 알아차리고 휘말리지 않도록 멈추거나 피한다. 예를 들어, "아, 너 또 왔구나. 하지만 미안해, 이번엔 널 따라가지 않을 거야."

네 번째, 애초에 자신을 괴롭히는 생각이 거의 떠오르지 않는 경지의 사람이다. 《금강경》이 말하는 "응무소주 이생기심"의 단계다. 우리에게 가장 필요한 것은 적어도 첫 번째 유형은 피하자는 것이다. 생각을 의식하고 다스리려는 의지를 가지면 우리는 두 번째 유형에서 세 번째 유형으로, 더 나아가 네 번째 유형으로 발전해 나갈 수 있다. 이 과정에서 반드시 병행해야 할 것이 바로 '계(戒)', '정(定)', '혜(慧)', '신(信)'이다.

계: 타인에게 고통을 주지 않는 것. 남을 괴롭히지 않으면 그로 인해 나에게 고통이 되돌아오지 않는다. '정', '혜', '신'을 흐트러뜨리지 않기 위해 반드시 필요하다.

정: 외부 환경이나 자신의 감정에 휘둘리지 않는 안정된 마음. 내 생각을 자각할 수 있는 평정심이다.

혜: 깨어 있는 지혜. 원치 않는 생각이 떠올랐을 때 그것을 피하거나 바꿀 수 있는 지혜다.

신: 이 네 가지를 꾸준히 실천하면 누구나 1형에서 4형까지 발전할 수 있다는 믿음이다.

물론 이 모든 것을 실천하는 과정에서 실수하거나 방심할 수 있다. 그럴 땐 지나치게 자책할 필요는 없다. 하지만 잘못을 깨달았음에도 또 반복하면 안 된다. 진정한 참회(懺悔)란 '참'은 자신의 잘못을 명확히 인식하는 것, '회'는 다시는 같은 실수를 반복하지 않는 것이다. 이렇게 참회를 통해 과거보다 점점 더 나은 '나'로 나아가는 것이 바로 '수행'이다. 이것이 내가 알고 있는 '불법'이다.

삼심에 쓰러지다

30여 년 동안 불법은 내가 어둠에서 빠져나오고 좌절에서 다시 일어설 수 있도록 도와주었다. 하지만 몇 해 전부터는 빛 속보다 어둠 속에 있는 시간이 더 많았다. 특히 두 번째 결혼생활이 무너지기 시작했을 때가 그랬다. 무슨 일이 있었던 걸까?

나는 오랫동안 스스로를 정리해보았다. 그러다 마침내 내가 왜 그렇게 무너졌는지 깨달았다. 나는 '삼심(三心)'에 쓰러진 것이다.

《금강경》에서 가장 어렵고도 핵심적인 구절은 바로 "응무소주 이생기심"이다. 사실 《금강경》에는 이 구절에 대한 일종의 주석이 있다. 바로 "과거심(過去心)은 얻을 수 없고, 현재심(現在心)도 얻을 수 없으며, 미래심(未來心) 또한 얻을 수 없다."는 말이다. '과거심, 현재심, 미래심', 이 세 가지가 바로 우리가 말하는 '삼심'이다. 이 세 가지 마음이 왜, 어떻게 '얻을 수 없는 것[不可得]'인지 이해하게 되면 "응무소주 이생기심" 즉 어디에도 머무르지 않고 마음을 내는 법도 이해하게 된다.

나는 한때 스스로 이 '삼심 불가득(三心不可得)'의 이치를 잘 이해했다고 생각했다. 간단히 말해서 '과거심 불가득'이란 과거에 잘못한 일이나 후회되는 일을 계속 마음에 담아두지 않는 것이다. 그 기억에 스스로를 괴롭히거나 타인을 괴롭히지도 말라는 의미다. 또한 과거의 자랑스러운 성과나 자부심도 반복해서 떠올리며 자만하지 말라는 뜻이다. 지나간 것은 그냥 지나간 것이다. '미래심 불가득'은 아직 일어나지 않은 일로 너무 많은 걱정이나 기대에 빠지지 말라는 뜻이다. 실패할까 두려워 미리부터 불안해하지도 말고, 기대감에 마음이 들뜨지도 말라는 것이다. 미래는 오지 않았기 때문에 준비는 하되 과도한 상상과 걱정으로 스스로를 흔들지 말라는 것이다.

'현재심 불가득'은 두 가지로 해석할 수 있다. 첫째는 지금 이 순간도 계속해서 과거가 되고 있기에 시간은 멈추지 않고 흘러가므로 '현재'조차 붙잡을 수 없다는 뜻이다. 둘째는 우리가 '지금 이 순간'에 집중하고 살아가야 한다고들 하지만 불법은 이 '지금 이 순간'조차도 무상(無常)하다는 사실을 잊지 말라고 가르친다. 즉 '지금'이 중요하지만 지금도 변하고 있다는 사실을 인식해야 한다.

이처럼 나는 한때 이 '삼심 불가득'의 뜻을 잘 알고 있다고 생각했다. 그런데 왜 최근 들어 이 삼심에 무너졌던 것일까?

나는 나이와 시간의 영향을 깨닫게 되었다. 60대 후반에 접어들면서 내가 아무리 마음을 젊게 유지하려 해도 신체적인 노화는 점점 더 인생의 후반에 접어들고 있다는 사실을 상기시켰다. 젊었을 때는 실수해도 "다시 하면 되지."라는 여유가 있었다. 그래서 과거를 쉽게 놓아버릴 수 있었고, 미래에 대한 두려움 없이 계속 도전할 수 있었다. 하지만 65세 이후 미래에 대한 불안은 점점 커졌다. "지금 실패하면 다시는 기회가 없을지도 몰라." 미래에 대한 두려움이 커지니 자연스럽게 "왜 그때 그 선택을 하지 않았을까?", "그 기회를 왜 놓쳤을까?" 과거에 대한 후회 또한 커졌다.

현재에 대한 집착도 커졌다. 지금까지 쌓아온 경험과 전문성이 어느 정도 있다고 믿었지만 세상은 너무 빠르게 급격하게 변화하고 있다. 그 속에서 나는 그간의 능력과 경험이 쓸모 없어지는 듯한 위기감을 느꼈고, 마음을 안정시키고자 하는 욕망이 더욱 커졌다. 이렇게 나도 모르는 사이에 과거심, 현재심, 미래심—삼심이 점점 커지며 내 삶을 짓눌렀다.

나는 늘 스스로에게 "과거심은 얻을 수 없고, 현재심도 미래심도 얻을 수 없다."고 되뇌었지만 삼심은 끊임없이 나를 찾아왔다. 내가 완전히 무너지지 않은 이유는 매일 관세음보살께 기도하며 <대비주>를 염송했기 때문이다.

나는 안다. <대비주>나 《금강경》은 모두 우리에게 '외부에서 답을 찾으려 하지 말라', '해답은 자신 안에 있다'는 점을 가르쳐준다. 마치 나는 매일 부처님과 보살님께 인생을 살아갈 보물을 내려달라고 간절히 기도하고 있는 것 같고, 또 마치 그분들이 매일 이렇게 대답해 주시는 소리가 들리는 듯하다.

"모든 보물은 네 안에 이미 있단다. 너 자신이 언제든 마음껏 꺼내 쓸 수 있어."

나는 부처님의 가르침을 믿는다. 30년 넘게 수행해왔고 그 말씀들이 모두 진실임을 확신한다. 하지만 그 보물이 도대체 내 안 어디에 있는지……, 오랫동안 찾지 못했었다. 그러나 드디어 나는 그것을 발견했다.

3, 6, 9를 다시 발견하다

인생은 늘 예상치 못한 일로 가득하다. 좋지 않은 일도 좋은 일도 마찬가지다.

두 번째 이혼 이후, 스스로 부족한 에너지를 어떻게 보완할 수 있을지를 고민하던 중 내 삶에 몇 가지 뜻밖의 사건이 연달아 일어났다. 그중 하나는 동물보호 관련 연례 모임에 참석했을 때였다. 현장에서 놀랍게도 유기동물 보호 단체와 야생동물 보호 단체가 매우 대립적인 관계임을 알게 되었다. 둘 다 동물을 사랑하는 단체인데 왜 그런 일이 생겼을까?

유기동물 보호 단체는 안락사 제로를 목표로 열심히 활동한 결과 많은 유기동물이 산으로 올라가 야생동물을 공격하게 되었고 그로 인해 야생동물 보호 단체의 반발을 불러일으킨 것이다. 그 순간 문득 깨달았다. 유기동물 보호는 자신의 주변부터 관심을 가지는 6의 에너지고, 야생동물 보호는 자신과 멀리 떨어진 자연과 생태계를 향한 9의 에너지다. 즉 둘 다 '동물에 대한 사랑'이라는 큰 틀은 같지만 에너지의 방향과 순서가 전혀 다르기 때문에 충돌이 발생한 것이다.

또 하나의 예가 있다. 나는 20년 넘게 타이완의 공공장소에 있는 장애인용 화장실의 접근성과 수준을 살펴보고 기준 미달인 시설에 대해 종종 글을 써왔다. 국내외에서 촬영한 무장애 화장실 사진만 해도 200~300장은 족히 된다. 그런데 작년 어느 날 우리 출판사 화장실이 너무 불편하다는 사실을 문득 깨달았다. 비교 기준으로 삼았던 국내 기준조차 충족하지 못하는 수준이었다. 젊었을 때는 신체가 민첩해 그 불편함을 느끼지 못했지만 최근 들어 몸이 예전 같지 않자 비로소 그 어둠이 보이기 시작한 것이다. 나는 세계 곳곳의 장애인 화장실을 비교하고 관찰하며 멀리 있는 문제에 집중해 온 9 에너지의 전형적인 모습이었다. 하지만 바로 내 눈앞 내 회사의 화장실 문제는 놓쳐버렸다. 이것은 등잔 밑이 어둡다는 말 그대로였고, 가까운 곳부터 돌보는 6의 에너지를 소홀히 한 명백한 증거이기도 했다. 그런데 이상하게도 그 순간 나는 자책하거나 후회하지 않고 피식 웃음이 났다. 9와 6의 차이를 아주 명확하게 인식하면서도 며칠 전까지만 해도 이 두 숫자에 대해 느꼈던 거리감과 거부감이 스르르 사라졌다. 오히려 나는 내 마음속 9번 에너지를 향해 웃으며 말하게 되었다.

"넌 정말 천재야!"

내 눈앞에 9가 웃으며 나를 돌아보는 모습이 보이는 듯했다.

"그래, 나는 원래 멀리 보는 걸 잘하지! 내 발밑의 어둠은 잘 못 보지만 내가 아니었으면 네가 50년 전에 어떻게 타이완에 올 수 있었겠니?"

그가 나에게 이렇게 말하는 것 같았다.

"그러니 날 더 잘 써봐! 초월이야 초월! 꿈이 많다고 무서워하지 마! 희망이야 희망! 희망 없이 사는 게 더 무서운 거야! 계속해서 스스로를 초월하며 나아가자!"

작년은 내가 타이완에 온 지 50주년이 되는 해였다. 그래 맞다. 50년 전, 9의 에너지가 없었더라면 어떻게 나 혼자 목발을 짚고 타이완이라는 바다 건너 낯선 땅으로 왔겠는가? 지금 나는 수많은 인생 경험을 갖고 있고, 손에 아무 자원도 없는 사람이 아니다. 그런 내가 회사와 일 그리고 새로운 꿈을 향해 파도를 넘는 일이 뭐가 두렵겠는가?

나는 또다시 떠올렸다. 50년 전 타이완에 막 도착한 밤, 화위안신청으로 향하는 차 안에서 창밖의 어둠을 호기심 가득한 눈으로 바라보던 나 자신을. 그 어둠 속에 따뜻한 환영이 있었다고 느꼈던 그 마음을. 그때 어둠을 그렇게 마주했던 내가 지금의 어둠도 마주하지 못할 이유가 무엇인가? 그렇게 나는 오랜 시간 잃어버렸던 9를 다시 되찾았다. 나는 그를 깊이 껴안았다.

그뿐만이 아니다. 그동안 내가 등한시했던 6, 관심과 친밀함의 에너지인 6도 웃으며 나에게 말을 건넸다.

"이제야 나를 얼마나 소홀히 했는지 알겠지? 내가 얼마나 중요한지도 알겠지? 그렇다면 이제부터 사람을 사랑하는 법을, 가까운 사람을 돌보는 법을 그리고 무엇보다 너 자신을 아끼는 법을 연습해 봐."

한때 내가 가장 좋아했지만 지나치게 산만하게 만든다며 멀리했던 3, 호기심과 창의력의 에너지를 가진 3도 기쁘게 말했다.

"너 원래 새로운 걸 좋아하잖아! 지금 이 세상처럼 신기하고 빠르게 변하는 세상이 또 어디 있겠어? 정말 흥미진진하잖아! 같이 배우고 같이 창조하자!"

그렇게 지난 몇 년간 내가 이 세 숫자를 향해 품었던 의심과 피로감은 완전히 사라졌다. 나는 그들의 반짝이는 빛을 보았다. 그들이 기쁘게 또 너그럽게 나에게 말했다.

"이제 네가 다른 숫자 에너지를 보완할 줄 안다니 기쁘다! 하지만 잊지 마! 우리가 바로 너의 가장 가까운 숫자들이야! 우리를 더 잘 써야 해! 그리고 말이지 3, 6, 9가 함께하면 정말 대단한 거야!"

어린 시절로 돌아가다

막 움직이기 시작한 아이들에게는 공통점이 있다. 밤이 되어도 좀처럼 자려고 하지 않는다는 점이다. 아직 덜 놀았고, 하고 싶은 재미있는 일이 너무 많기 때문이다. 아침이 되면 눈을 뜨자마자 침대에서 벌떡 일어나 어젯밤 미처 끝내지 못한 놀이를 이어간다.

나는 3, 6, 9의 숫자가 지닌 의미를 다시 체감한 후 매일 어린 시절로 되돌아간 듯한 마음으로 살고 있다. 물론 여전히 아침에 눈을 뜨면 내 앞에 커다란 블랙홀 하나가 기다리는 듯한 기분이 들기도 한다. 하지만 이제는 그 앞에서 멍하니 주저앉아 있지만은 않는다. 매일 마주해야 할 과제가 여전히 많고, 극복해야 할 도전도 여전히 많지만 이제는 두렵거나 혼란스럽지 않다. 오히려 나는 그 블랙홀을 마주할 때마다 생각한다.

"좋아, 가보자! 오늘도 처리해야 할 일이 이렇게 많으니 내가 사랑하는 3, 6, 9의 에너지에 새롭게 보완한 다른 숫자들의 힘까지 더해 한번 제대로 맞서보자!"

다시 말해 나는 '과거심', '현재심', '미래심' 세 가지 마음의 굴레를 벗어난 것이다.

나는 이제 일흔을 눈앞에 둔 생물학적 나이에 얽매이지 않는다. 앞이 보이지 않는 미래조차도 따뜻하게 안을 수 있게 되었다. 혹시라도 일이 잘못될까 봐, 이 나이에 실패하면 어떡해 하는 걱정도 이제 사라졌다. 즉 '미래심'을 놓아버렸다.

새롭게 배워야 할 것들이 아주 많고, 흥미롭고 도전적인 일들이 매일 눈앞에 펼쳐지기에 이제는 과거의 실수나 놓친 기회, 스스로에 대한 연민에 빠져 있을 시간도 없다. 즉 '과거심'도 놓아버렸다.

'미래심'과 '과거심'을 놓자 변화무쌍한 현재의 삶마저도 다르게 보이기 시작했다. 하루하루 마주하는 문제들과 도전들을 바라보며 나는 내 능력을 다시 평가하게 된다. 내게 부족한 부분이 무엇인지, 내가 가진 과거의 경험과 능력 중 지금 여전히 유효하고 오히려 지금 더 빛을 발하는 것이 무엇인지 알게 되었다. 나는 더 이상 내가 가진 능력에 우쭐대지도 않고 가지지 못한 능력에 당황하지도 않는다. 즉 '현재심'마저도 내려놓았다.

그 결과 나는 마치 어린 시절로 돌아간 것처럼 밤마다 잠자기 아쉬워 손에 잡힌 여러 가지 일들을 처리하고, 아침이 되면 전날의 연장선상에 있는 일들을 속히 이어가기 위해 기쁜 마음으로 하루를 시작한다. 바쁘지만 매일이 흥미롭고 재미있다. 부처님과 보살들은 나에게 거듭 말씀해주셨다.

"모든 보물은 네 안에 이미 있단다. 너 자신이 언제든 마음껏 꺼내 쓸 수 있어."

그 말은 정말 사실이었다.

믿음이 꼭 어둠에서 빛으로 나아가게 하지는 않는다

인생은 때때로 어둠 속으로 들어가기 마련이다. 어둠에 대해 이야기할 때 우리는 자주 이런 말을 듣는다.

"믿음은 우리를 어둠에서 빛으로 이끌어준다."

하지만 이 말은 절반만 맞는 말이다. 만약 믿음이 단지 어둠에서 빛으로 가는 수단이라면 그것은 결국 시간이 해결해 줄 문제처럼 들릴 것이다. 마치 한밤중이 지나면 곧 해가 뜨는 것처럼 말이다.

그러나 현실의 인생은 그렇게 단순하지 않다. 우리가 성장해가는 과정에서 많은 경우 노력은 보답을 받고 일은 점점 더

밝은 방향으로 나아가는 것처럼 보인다. 하지만 어떤 순간에는 아무리 열심히 노력해도 아무런 반응이 없는 경우가 있고 심지어 상황이 더 어두워지기까지 한다. 더 많은 노력을 기울일수록 어둠은 더 깊어지는 것처럼 느껴지기도 한다. 우리는 모든 힘을 다 쏟아 부었고 최선을 다했다. 하지만 시간이 지나도 작은 빛 한 줄기조차 보이지 않고 오히려 어둠의 밀도는 점점 짙어지기만 한다. 그래서 나는 이렇게 말하고 싶다.

"믿음은 우리를 어둠에서 빛으로 인도할 뿐만 아니라 더 깊은 어둠으로 들어갈 때에도 우리와 함께한다."

우리가 손조차 보이지 않는 암흑을 지나 시간마저 멈춘 듯한 깊은 어둠 속으로 걸어 들어갈 때야말로 진정 믿음이 왜 필요한지 그리고 믿음이 우리에게 무엇을 가능하게 하는지를 체감하게 된다.

그렇다면 믿음이란 도대체 무엇일까?

나의 능력과 전문성일까? 그 능력도 부족한 순간이 있다.

나의 꿈일까? 꿈은 흐릿해질 때가 있다.

나의 가치관일까? 가치관은 흔들릴 수 있다.

나의 낙천성일까? 낙천은 절망으로 바뀔 수 있다.

내 경험에 비추어보면 믿음은 이 모든 것의 조합이며 거기에 몇 가지 추가적인 요소가 더해진다. 어떤 사람은 성인의 이상을 지키는 마음, 어떤 사람은 종교적 신앙, 어떤 사람은 그 외의 무언가를 더한다.

나에게 그 '믿음'은 바로 불법에 대한 신앙이었다. 그 불법에 대한 믿음이 있었기에 나는 지난 수년간의 방황을 버틸 수 있었고, 마침내 나의 3, 6, 9 에너지를 다시 찾을 수 있었다.

나는 말하고 싶다. 인생에서 다양한 조합을 배워가는 과정의 목적은 결국 '믿음'을 조합해내는 것이다. 우리가 이 '믿음'을 조합해낼 수 있을 때 믿음은 우리를 어둠에서 빛으로 이끌어줄 수 있고, 더 깊은 어둠으로 들어갈 때에도 우리와 동행한다. 그때 우리는 더 이상 빛을 기다리는 조급함을 느끼지 않는다. 끝없는 어둠의 압박도 느끼지 않는다. 혹시나 끝없는 낭떠러지로 떨어질지 모른다는 두려움도 사라진다. 바로 그 기다림도 압박도 두려움도 우리의 마음속에 있지 않기 때문에 우리는 더욱 단단한 걸음으로 나아가고 계속해서 탐구하고 성장할 수 있게 된다.

5부 상상유희의 힘

여자의 눈물

내 인생에서 깊은 인연이 있었던 한국 여성이자 새어머니의 이야기를 하고자 한다.

어머니가 돌아가신 지 1년 남짓 지난 어느 여름날, 아버지는 나와 여동생에게 소개하려고 한 여성분을 집으로 데려오셨다.

60년이 훌쩍 지난 지금도 파란 원피스를 입고 마당에 서 계시던 그분의 모습은 눈앞에 생생하다. 그날 이후 우리는 새어머니를 맞이하게 되었고, 나는 줄곧 그분을 '엄마'라고 불렀다.

엄마는 나의 친어머니와는 전혀 다른 세계의 사람이었다. 한국 드라마에서 자주 나오는 것처럼 계모가 아이들을 괴롭히는 그런 상황이 우리 집에서 일어나지는 않았지만 고등학교를 졸업할 때까지 엄마와의 충돌은 끊이지 않았다. 주로 식생활이나 생활 습관의 문화적 차이 때문이었다. 어렸던 나는 마음에 들지 않으면 바로 말이나 표정으로 드러냈고, 엄마도 예민하고 불같은 성격이었기에 즉각 반응하며 나와 자주 부딪히곤 했다. 하지만 엄마에게서 나는 한국 사람 특유의 성격을 체험하게 되었다. 화가 나면 하늘이 무너질 것처럼 싸우지만 화가 풀리면 금세 아무 일 없던 듯이 웃는 그런 성격 말이다.

내가 타이완에 온 이후에야 비로소 엄마와의 관계가 좋아졌다. 함께 있지 않고 생활 속의 마찰이 없어지니 오히려 서로의 좋은 점이 더 떠올랐다. 타이완에서 처음으로 받은 편지 내용 중 아버지가 쓴 글은 기억나지 않지만 엄마가 쓴 한 문장은 지금도 잊히지 않는다.

밍이가 타이완이 아니라 서울에서 공부했다면 얼마나 좋았을까? 그랬다면 내가 기차를 타고 자주 가서 보살펴줄 수 있었을 텐데…….

엄마를 회상하면 중학교 시절 나에게 결정적인 영향을 끼친 일 하나가 떠오른다.

어느 날 집에 돌아와 보니 2채널의 대형 LP 플레이어가 있었다. 엄마가 일본 음악과 경음악을 듣기 위해 구입한 것이지만 그 LP 플레이어는 내가 좋아하는 음반을 사고 대중음악을 접하는 계기가 되었다. 덕분에 나의 청소년 시절은 새롭고 흥미로운 이야기거리로 가득해졌고, 세계를 이해하는 또 하나의 문이 열리게 되었다.

아버지가 돌아가신 후 한동안 나는 유독 한국에 가는 것이 좋았다. 작은 마당이 딸린 골목 안 우리 집은 내가 어린 시절을 보낸 곳은 아니었지만 아버지가 10여 년을 사셨기에 집 안 곳곳에 아버지의 자취가 남아있는 것 같았다. 특히 겨울, 아버지가 낮잠을 자다 돌아가신 그 온돌방 머리맡에서 해가 시계처럼 천천히 창호지 문을 가로질러 이동하는 모습을 보며 고요하고 적막한 방 안에 어떤 보이지 않는 흐름이 느껴지기도 했다.

그 시기에 엄마와 많이 가까워졌다. 한편으로는 아버지를 향한 그리움이 투영된 것이고, 다른 한편으로는 엄마로부터 아버지와 관련된 많은 이야기를 들을 수 있었기 때문이었다. 예를 들어, 1980년대 초반 엄마는 아버지를 따라 산둥 고향 친척집을 방문해 한 달 넘게 머물렀다고 한다. 평소 말이 없던 아버지는 그 여정에 대해서도 전혀 언급하지 않았지만 나중에 엄마를 통해 여러 가지 생생한 이야기를 들을 수 있었다.

엄마는 아버지와 함께 살며 산둥식 가정 요리 몇 가지를 배우셨는데, 한국에 갈 때마다 그 요리들을 다른 한식 반찬과 함께 차려주어 내 추억과 입맛을 동시에 만족시켜 주시곤 했다. 그 당시 한국에 가서 엄마를 만나는 일은 참 즐거운 일이었다.

하지만 우리 사이에는 말로 표현하기 어려운 거리감이 있었다. 나는 종종 엄마의 어깨에 팔을 두르고 사진을 찍곤 했지만 그런 친밀함은 친구보다는 가깝고 친 모자보다는 먼 느낌이었다. 더 이상 엄마와 말다툼을 하지 않았으나 서로 조심스러움이 생긴 것이다. 하지만 계모라는 관계 안에서 우리가 유지한 정도의 친밀함은 사실 더 이상 바랄 것도 없을 만큼 충분했던 것 같다.

내 여동생과 엄마의 관계는 조금 달랐다. 여동생은 줄곧 부산에 살았고 에너지가 넘치는 사람이라 장사를 하든 회사를 다니든 모든 사람들과 잘 어울렸다. 나는 타이완에 살면서 아버지가 돌아가신 이후로 엄마에게 돈 보내는 일밖에는 할 수 없었지만 여동생은 결혼 전부터 줄곧 실질적으로 엄마를 돌보았다. 그래서 여동생과 엄마의 관계는 나와는 전혀 달랐다. 두 사람이 함께 있을 때는 마치 한국 드라마에 나오는 어머니와 딸 혹은 자매처럼 다정하고 웃음이 끊이지 않았다. 하지만 일상의 자잘한 문제들로 인해 자주 갈등하고 싸우기도 했다. 드라마 속의 여러 장면들이 매일 그들 사이에서 재현되는 셈이었다. 엄마는 여동생을 칭찬할 때면 온갖 형용사를 써가며 침이 마르도록 말했고, 두 사람이 크게 다툴 때 역시 마찬가지였다. 대체로 싸우고 금방 다시 화해하곤 했지만 한두 번은 정말 격렬하기도 했다.

아버지가 돌아가신 후 우리와 엄마 사이에는 민감한 주제가 하나 생겼다. 엄마가 집을 상속받는 것에 나와 여동생은 아무런 이의를 제기하지 않았다. 우리는 엄마가 계속 그 집에서 살기를 바랐다. 세를 놓으면 월세 수입도 생기고, 우리가 생활비도 보내주니 평온하게 지낼 수 있을 거라고 생각했다. 그 집이 낡아서 수리가 필요해졌을 때 여동생은 리모델링을 하자고 제안하며 자신이 직접 나서서 준비하겠다고 했다. 하지만 엄마는 다른 길을 선택했다. 부동산의 제안을 받아들여 다른 사람들과 함께 재건축에 참여한 것이다. 집값의 절반은 현금으로 받고 회사에서 제공한 임시 거주 아파트로 이사한 뒤 새로 지어진 집에서 한 세대를 소유하게 되는 방식이었다. 이 과정은 여동생과 아무런 상의 없이 진행되었고 나중에야 모든 사실을 알게 되었다. 여동생에게는 그 상실감과 섭섭함은 이루 말할 수 없었다.

얼마 후 여동생은 나에게 또 다른 소식을 전했다. 요즘 엄마가 친자식들과 자주 연락하고 있다는 것이었다. 엄마가 한 차례 결혼을 했었고, 가정 폭력을 견디지 못해 전 남편을 떠났다는 이야기를 예전부터 들은 적이 있었다. 하지만 그녀에게 세 아들과 딸 하나, 총 네 명의 자식이 있다는 사실을 이제 알게 된 것이다. 여동생이 엄마 집에 갔다가 우연히 그들을 마주쳐 정식으로 인사를 나누게 되었다. 그 자식들은 우리와 비슷한 또래로 모두 잘 살고 있다고 엄마는 애써 말하셨다.

여동생은 또 다른 사실도 알아냈다. 엄마가 언제부턴가 타이완 국적을 말소하고 한국 국적을 회복했으며, 그에 따라 법적으로 그녀의 자식으로 등록되어 있던 나와 여동생의 이름도 사라졌다는 것이다. 우리는 이제 법적으로 아무런 관계가 없는 사람이 되었다. 왜 그런 결정을 내렸냐고 여동생이 묻자 엄마는 "이렇게 하면 한국 정부의 독거노인 복지 혜택을 받을 수 있어서……"라고 대답했다.

그해 설날, 나는 엄마도 이제 아흔 가까운 나이가 되었으니 금액은 크지 않더라도 돈과 집에 대한 향후 계획이 있으면 알려달라고 조심스럽게 여쭈어 보았다. 엄마는 솔직하게 대답하셨다. 예전에 네 명의 '자식놈들'을 버리고 떠났던 것이 가슴 아픈 일이었기 때문에 이제는 뭔가 마음을 전하고 싶다는 것이었다. 한국 사람들은 '친자식'이라는 개념을 유독 강조하는데 그날 엄마가 "자식놈들"이라는 표현을 쓸 때의 그 말투가 유난히 기억에 남는다. 나는 엄마에게 이렇게 말했다.

"그 집은 아버지가 남겨주신 것이니 그 돈을 친자식들에게 나누는 건 적절하지 않을 수 있지만, 이제는 엄마 소유니 어떻게 처리할지는 전적으로 엄마의 자유입니다. 다만, 정말로 나누실 생각이라면 꼭 여동생 몫도 챙겨주세요. 제 몫은 전혀 생각지 않으셔도 됩니다. 지난번 큰아들 결혼식 때 엄마가 축의금을 크게 주셨으니 저는 그것으로 충분히 감사드려요."

내 말을 들은 뒤 엄마는 생각해 보겠다고만 하셨다.

엄마는 매우 독립적인 사람이었다. 독립적일 수 있었던 이유 중 하나는 건강이 매우 좋았기 때문이다. 아흔이 넘은 나이에도 일상생활을 스스로 다 처리했다. 원래는 불교 신자였지만 나중에는 천주교로 개종했고, 매일 이곳저곳 바쁘게 다니며 성실하게 성당 활동에 참여하셨다. 그런 엄마에게 큰 충격이 된 사건이 집 문제였다. 재건축 중인 집이 계속 완공되지 않았고, 책임을 따지려 했더니 처음에 계약한 계약서에 문제가 있었다. 심지어 계약서 원본도 받지 못한 상황이었다. 결국 여동생이 나서 보았지만 아무런 해결책도 찾지 못했다.

그즈음부터 엄마는 점점 치매 증상이 두드러지기 시작했다. 예를 들어, 집 계약 문제를 돕기 위해 간 여동생에게 도장을 찾아달라고 했는데 도장이 보이지 않자 여동생이 잃어버렸다고 주장했다. 또, 여동생에게 열쇠를 주면서 집에 가서 무언가를 가져오게 해놓고 나중에는 여동생이 뭔가를 훔쳐갔다며 의심했다. 증세가 점점 더 심각해지면서 엄마는 전등불을 끄지 않거나 심지어 가스 끄는 것도 잊어버려서 이웃이 경찰에 신고해 결국 여동생에게 연락이 오기도 했다.

여동생은 엄마에게 특별한 감정을 가지고 있었다. 한편으로는 엄마에게 화가 나서 다시는 보지 않을 것처럼 하다가도 걱정되어 마음을 놓지 못했다. 여동생은 화를 내면서도 계속 엄마를 돌보았다.

2018년 설날, 내가 한국에 갔을 때 엄마의 상태를 직접 보고 느낄 수 있었다. 나는 엄마에게 호텔에서 며칠 함께 지내자고 했다. 밤중에 엄마가 바스락거리며 일어나더니 문을 열고 복도로 나가려 했다. 어디 가느냐고 묻자 화장실에 가야 한다고 했다. 그 전 해에 여동생이 엄마를 요양원에 모시려고 했었지만 하루 만에 나가겠다고 고집을 부리며 큰 소란이 벌어지기도 했다. 이번에 엄마의 상태를 보니 다시 요양원 입소를 설득해야겠다고 생각했다.

그날 나는 엄마에게 아직 나를 알아볼 수 있을 때 앞으로 어떻게 할지 이야기를 나눠보자고 권유했다. 엄마는 항상 들고 다니던 핸드백을 열고 처음으로 나에게 통장 여섯 개를 보여주었다. 대부분의 계좌에 잔액이 거의 없었고, 단 하나의 계좌에만 약간의 돈이 있었지만 여동생이 알고 있던 금액과 비교하면 약 5분의 1 수준에 불과했다. 내가 나머지 돈은 어디 갔냐고 물었지만 엄마는 전혀 기억이 나지 않는다고 했고, 그 네 명의 자식들에게 줬냐고 물었지만 그것도 모른다고 했다.

그해 설날 부산을 떠나기 직전 엄마는 요양병원에 들어가는 것에 동의해서 여동생이 계좌도 관리하게 되었다. 내가 보내는 생활비도 여동생이 대신 받기로 했다. 여동생은 엄마가 입소한 요양원 근처에 직장이 있어서 자주 찾아갈 수 있었.

엄마가 요양원에 입소한 지 얼마 지나지 않은 어느 날, 여동생이 전화를 걸어 엄마가 나와 통화하고 싶다고 했다. 지난

1년 동안 우리의 통화는 늘 불쾌하게 끝났다. 엄마는 늘 격앙된 목소리로 여동생을 비난했고, 내가 설명하려 하면 전화선이 안 좋다거나 무슨 말을 하는지 모르겠다고 딴소리를 하곤 했다. 하지만 그날은 아주 오랜만에 아니 어쩌면 처음으로 수화기 너머 엄마의 목소리가 너무나 평온하고 안정되며 또렷했다.

"너 왜 이렇게 오랫동안 전화 한 통 안 했니?"

왠지 모르게 묘한 압박감을 느꼈다. 그건 틀림없이 엄마가 아들에게 따지는 듯한 말투였다. 나는 급히 변명하듯 말했다. 엄마가 요양원에 입소하면서 기존 휴대폰을 더 이상 사용하지 않아 여동생이 방문할 때에만 연락을 드릴 수 있다고. 엄마는 이어서 조용히 말씀하셨다.

"며칠 전에 네 동생이 왔을 때도 너는 나와 통화하지 않았잖아."

나는 뭐라고 답해야 할지 몰라 그냥 안부만 묻고 곧 시간을 내어 찾아뵙겠다고 말씀드렸다. 그날 통화에서 엄마의 목소리는 지나치게 차분하고 안정적이었다. 너무나 또렷했기에 오히려 이상하고 불안한 느낌이 들었다. (그 후, 그 통화가 엄마와의 마지막 언어적 소통이었다는 걸 알았다.)

얼마 지나지 않아 여동생에게서 연락이 왔다. 엄마가 유행성 감기로 폐렴 증상이 심각해져 병원에서 위중하다는 진단을 내렸다는 것이다. 나는 놀라서 바로 주말에 한국으로 가려고 준비했지만 하필이면 타오위안공항에서 한 번도 없던 일이 생겼다. 내 전동 휠체어의 배터리가 보안 검사에 통과하지 못해 탑승이 거부된 것이다. 나는 일주일 후 다시 일정을 잡고 한국에 가기로 했다. 그러던 중 문득 생각이 들었다.

'엄마에게 <대비주>를 염송하여 회향하면 어떨까?'

그 전까지는 <대비주>를 돌아가신 분들을 위해 회향했지만 이번에는 엄마의 병세가 워낙 위중하기에 살아 있는 상태에서도 의식이 있다면 당연히 도움이 될 수 있다고 생각했다. 죽은 자에게도 의식이 있어 전달된다면 죽음을 눈앞에 둔 사람도 분명 의식이 있고 받아들일 수 있으리라. 무엇보다 그것은 지금 내가 할 수 있는 유일한 일이었다. 그래서 나는 매일 엄마가 내 앞에 앉아 있다고 생각하고 엄마에게 하나하나 설명하면서 완전한 의식 절차를 따르며 <대비주>를 염송했다. 염송의 공덕을 엄마께 회향하고, 시작도 알 수 없는 과거부터 엄마를 도와

준 법계의 모든 중생에게 회향하며 또한 엄마가 자신의 탐·진·치·만·의로 인해 상처를 준 모든 존재에게도 회향했다.

며칠간 계속 염송했는데 내가 아직 한국에 도착하기도 전에 여동생이 라인LINE으로 기쁜 소식을 전해왔다. 엄마의 상태가 호전되기 시작했다는 것이다. 내가 부산에 도착했을 때 엄마는 여전히 쇠약하여 대부분의 시간을 누워 지냈지만 여동생이 "오빠 왔어요!"라고 말하자 멀리서 나를 한참 바라보다가 조용히 고개를 끄덕이셨다. 나도 아무 말 없이 고개를 끄덕이며 응답했다.

그날 저녁 엄마는 식사를 마치고 침대에서 일어나 보행 보조기를 잡고 방 밖까지 나가 연습하려 했다. 여동생은 계속해서 엄마에게 말을 걸었지만 나는 아무 말도 하지 않았다. 그 시간이 오히려 말하는 것보다 깊은 교감을 느끼게 했다.

한국에서 돌아온 뒤에도 나는 <대비주>를 계속 염송하며 회향했다. 그러다 여동생에게서 엄마가 거의 회복되었다는 말을 듣고 나도 다른 일들이 바빠 염송을 멈추게 되었다. 그로부터 두 달이 채 지나지 않아 여동생이 다시 나쁜 소식을 전해왔다. 엄마가 최근 몸이 좋아졌다고 혼자 화장실에 가려다 그만

넘어졌다는 것이다. 바닥에 머리를 부딪혀 그 충격으로 혼수 상태에 빠졌으며, 병원에서는 언제 임종이 와도 이상하지 않은 상태라는 것이다. 나는 곧바로 다시 염송을 시작했다. 하지만 올해로 아흔둘, 머리를 다친 노인을 위해 도대체 어떻게 기도해야 좋을까? 나는 관세음보살님께 기도드렸다. 지금 이 상황에서 엄마가 건강을 회복하도록 도와달라고 기도해야 할지 아니면 더 이상 고통받지 않도록 빛의 세계로 인도해달라고 기도해야 할지 정말 알 수 없다고 말씀드렸다. 결국 나는 이렇게 기도드렸다.

"관세음보살님, 엄마가 인생의 마지막 여정을 '잘' 가실 수 있도록 도와주세요."

"마지막 여정을 마치게 해주세요."라고 하지 않고 "잘 가실 수 있도록 해주세요."라고 말이다. 이번 낙상이 정말 마지막 순간인지 아닌지는 관세음보살님께서 결정해주시기를 바랄 뿐이었다.

며칠간 주문을 외우며 기도하고 나서 한국에 갔을 때 다시 한 번 기적 같은 일이 일어났다. 완전히 혼수상태였던 엄마가 반응을 보이기 시작한 것이다. 왼쪽 몸은 움직이지 못했지만 가끔씩 눈을 뜨고 몇 가지 질문에 반응을 보였다. 병원에서는 매우 이례적인 일이라며 아직 식물인간 상태는 아니고 뇌졸중이라고 진단했다. 그날 나는 병상 곁에서 이렇게 말씀드렸다.

"엄마가 건강을 회복하시려는 거라면 그렇게 하셔도 좋고, 이 세상이 너무 고되시다면 떠나셔도 괜찮아요. 마음을 편히 가지세요. 우리는 종교는 다르지만 저는 관세음보살님이 엄마를 보호하고 인도해주시도록 계속 기도드릴게요."

나는 엄마의 손을 잡고 손등에 입을 맞추며 말했다.

"엄마, 사랑합니다."

그해 8월 나는 유럽과 미국으로 출장을 가게 되었다. 여정 중 여동생과 연락을 주고받으며 엄마가 점점 더 호전되고 있다는 소식을 들었다. 수액만 맞던 상태에서 이제는 죽도 드실 수 있게 되었다는 것이다. 나는 관세음보살님의 뜻이 과연 무엇인지 알 수 없었다. "인생의 마지막 여정을 잘 가실 수 있도록 해주십시오."라는 기도의 의미는 과연 무엇일까? 정말로 다시 예전처럼 회복시키려는 뜻이라면 왜 그런 낙상이 있었던 걸까? 나는 이해할 수 없었다. 그래서 할 수 있는 일은 그저 여행길에서도 계속해서 〈대비주〉를 염송하며 엄마에게 회향하는 것뿐이었다. 어느 날 좌선을 마친 후 문득 깨달았다. 이 모든 것은 결국 엄마 자신의 '의지'라는 것을. 엄마는 이 세상에 아직 끝내지 못한 마음의 짐이 있고, 무언가를 기다리고 있기에 그토록 강인하게 생을 이어가며 몸을 회복하려 했던 것이다. 그 마음이 무엇인지는 말하지 않아도 알 수 있었다. 바로 그 네 자녀일 것이다. 적어도 한 번은 다시 만나보고 싶으셨을 것이다. 하지만 그것이 얼마나 무거운 마음이었을까?

사실, 엄마가 요양원에 입소하자 여동생은 그 네 남매에게 연락을 취했다. 엄마의 상태를 알리고, 요양원 비용을 함께 부담할 의향이 있는지도 물었다. 그러나 아무도 찾아오지 않았다. 그중 한 명만이 조금 부담하겠다고 했지만 두 달 정도 송금한 후 더는 연락이 없었다. 엄마는 이런 현실을 감당할 수 없었을 것이다.

얼마 후 미국 출장 중에 엄마의 상태가 급격히 악화되어 임종 준비를 하라고 통보받았다는 이야기를 들었다. 나는 놀라지 않았다. 며칠 전 한 여성이 엄마를 방문했다고 했다. 자신을 조카라고 소개했지만 엄마에게 말할 때는 계속 '노인네'라고 했단다. 병원 측은 그 여성이 엄마와 너무 닮아서 여동생에게 "너희 어머니와 어쩜 그렇게 똑같이 생겼냐?"고 물었단다. 그 일이 있고 며칠 뒤 엄마는 아침 식사를 거르고 점심도 드시지 않았다. 저녁 무렵 병원에서 여동생이 나에게 연락했고, 그날 자정 무렵 엄마는 세상을 떠나셨다.

엄마는 끝까지 자신의 의지로 한 가지 답을 기다렸고, 마침내 그 답을 받아들였다. 그 답이 비록 엄마가 원하던 것은 아니었지만 이제는 떠나도 괜찮다고 느낀 것이다. 나는 계속해서 엄마를 위해 <대비주>를 염송하고 회향해왔기 때문에 부고를 들었을 때 마음이 평온했다.

출장을 마치고 귀국 길에 비행기 연착으로 인해 런던공항에서 발이 묶였다. 일요일 장례식에 참석하지 못할 수도 있는 상황이 생겼지만 그때도 마음이 요동치지 않았다. 어차피 나는 계속해서 엄마를 위해 주문을 외울 것이고, 장례식에 참석하느냐 못하느냐가 그렇게 중요한 문제는 아니라고 느껴졌기 때문이다. 다행히도 토요일 밤에 타이베이로 돌아와 일요일 새벽에 큰아들과 함께 부산으로 갈 수 있었다.

엄마의 장례는 3일장이어서 일요일 아침으로 정해져 있다. 짧은 이틀 동안 여동생은 정말 대단한 능력을 발휘했다. 법적으로 엄마와 모녀 관계가 아닌 상태에서 장례를 치르기 위한 모든 필요 서류를 준비해야 했다. 다행히 인맥을 통해 서류를 확보했고, 많은 친구들과 부산시청 관계자들까지 오셔서 장례식에 사람이 북적거릴 수 있게 했다.

내가 부산에 도착한 후 마지막 상식을 올려 가정 제례를 드리고 발인을 했다. 나는 여동생에게 그 네 자녀에게도 연락했는지 물었다.

"물론 했지. 그런데 그쪽에서 한 말은 '이미 너무 수고하셨네요. 끝까지 잘 부탁드립니다.'였어."

결국 아무도 오지 않았다.

나는 엄마의 장례에서 오직 한 가지를 고집했다. 바로 매장을 해야 한다는 점이었다. 여기에도 하나의 에피소드가 있었다. 엄마가 돌아가신 후 천주교 신자 친구가 여동생에게 엄마가 화장을 한 뒤 유골을 산에 뿌려달라고 유언을 남겼다고 전했다. 엄마는 성당에 돈을 맡겨두었고, 그 돈은 딸만 사용할 수 있다고 적혀 있었다. 여동생은 그 메모에 자신의 이름과 전화번호가 적혀 있는 것을 보고 울면서 말했다.

"결국 나를 당신의 딸로 인정해준 거야."

그리고 엄마가 찾지 못하고 여동생 탓을 했던 인감도장도 사실은 그 성당에 함께 보관되어 있었다.

나는 아버지가 돌아가셨을 때 두 개의 묘 자리를 구입했었고, 그중 한 자리가 엄마를 위해 남겨둔 자리였다는 걸 기억하고 있었다. 그래서 여동생에게 그 묘지를 사용할 수 있는지 확인해달라고 했다. 확인 결과 그 두 묘 자리가 내 이름으로 등록되어 있어서 지금도 사용할 수 있었다. 나는 성당에 "매장으로 하겠다."고 통보했다.

일요일 아침, 엄마의 영정 앞에서 조문을 마친 후 내 큰아들이 영정을 들고 영구차로 향하는 모습을 보며 모든 것이 매우 평온하고 분명하게 느껴졌다. 나는 엄마에게 말했다.

"엄마는 끝까지 알고 싶었던 답을 결국 확인하셨군요. 몇 명의 자식이 있든 간에 지금 이 순간 엄마의 자식은 우리 둘입니다. 몇 명의 손자가 있든 간에 지금 엄마를 보내 드리는 손자는 이 장손 한 명입니다."

"지금 엄마는 아버지 바로 옆에 있으니 다시 만나실 수 있어요. 나는 타이완에 돌아가서 엄마의 이름을 조상 추모 위패에 올릴 거예요. 저에게 이제 엄마는 더 이상 '거리를 두고 있는 '계모'가 아닙니다."

나는 계속해서 말했다.

"관세음보살님이 엄마를 극락으로 인도하시든 하느님이 천국으로 인도하시든 이제 모든 후회와 아쉬움을 놓고 편안한 마음으로 가시길 바랍니다."

그날 밤 모든 일을 마친 후 여동생과 함께 장례 비용을 정산했다. 조의금과 엄마가 성당에 남긴 돈을 합치니 모든 비용을 충당하고도 남았다. 그 돈으로 아버지의 묘지도 정비할 수 있었다.

나는 여동생에게 그동안 관리하던 엄마 계좌의 돈을 받아달라고 했다. 금액은 크지 않았지만 당초 엄마에게 여동생 몫으로 나눠달라고 제안했던 금액과 거의 같았다. 나는 엄마가 이 정리를 기꺼이 받아들이셨을 거라 믿는다. 모든 것이 딱 맞아떨어졌다.

다콰이문화에서 출간한 일본 만화 《야행 고양이》에는 밤마다 눈물의 냄새를 맡으며 돌아다니는 고양이가 등장한다. 그 고양이가 그날 밤 우연히 지나갔다면 어느 한 여인의 눈물 냄새를 맡았을 것이고, 그 눈물 너머에 맺힌 미소도 보았을 것이다.

관세음보살님께서 정말로 엄마의 인생 마지막 여정을 잘 마무리하게 해주셨다.

그날 나는 엄마를 묘지까지 배웅했다. 묘지가 산허리에 있어 올라갈 수는 없었기에 차 안에 남아 멀리서 사람들이 엄마의 관을 천천히 운구해 올라가는 모습을 바라보았다.

차창 밖에는 바람이 유난히 부드러웠다.

육지 시대와 해양 시대

나뿐만 아니라 많은 화교들은 한국인과 깊은 인연을 맺고 있다. 여기에는 화교와 한국 간의 관계뿐만 아니라 타이완과 한국 사이에도 밀접한 관계의 이야기가 존재한다.

올해는 제2차 세계대전이 끝난 지 80주년이자 한국과 타이완이 일본 식민통치에서 벗어난 지 80주년이 되는 해다. 지난 80년을 돌아보면 한국과 타이완은 여러 분야에서 서로 비교할 만한 발전을 이루었다. 경제적으로 두 나라는 전후의 빈곤에서 벗어나 다시 일어섰고, 정치적으로는 정치·군사의 강압에서 벗어나 민주주의의 길을 걸었다. 많은 일들의 발전 과정이 놀라울 정도로 비슷하다.

예를 들어, 1947년 2월 28일 타이완에서는 국민당 정부가 본토 주민을 살해해 벌어진 2·28사건이 발생했다. 그 다음 날 한국 제주도에서도 경찰의 발포로 인한 3·1사건이 발생하였고 이는 1년 후 4·3사건으로 이어졌다. 두 나라 모두 정치적 권위주의 체제 시기에, 1979년 12월 10일 타이완에서는 메이리다오사건이 발생하였고, 이틀 후 한국에서는 12·12사건이 발생했다. 이듬해인 1980년 타이완에서는 린이슝 가족의 비극이 있었고, 같은 해 한국에서는 광주민주화운동이 일어났다. 이후 두 나라의 민주화는 거의 동시에 진행되었다. 1987년 6월 말 한국에서는 노태우 민정당 대표의 6·29선언이 있었고, 이후 한국의 민주화에 중요한 전환점이 되었다. 보름 후 타이완에서는 장징궈蔣經國 총통이 계엄 해제를 선언하며 민주화의 장을 열었다.

한자 성어 중에 '타산지석(他山之石)', '상호차경(相互借鏡)'이라는 말이 있다. 타이완과 한국은 서로에게 이러한 '타산지석'이자 '상호차경'의 가장 좋은 예라고 생각한다. 그래서 나는 '육지적 사고'와 '해양적 사고'에 대해 한국 독자들과 이야기하고 싶다.

사회가 진보하면서 각 세대가 처한 환경이 달라지고, 그에 따라 세대마다 고유한 특성과 가치관, 사고방식이 생겨난다. 물론 차이는 있겠지만 세대 간에는 여전히 이어지는 맥락과 공통의 기반이 존재한다. 비유하자면 고산, 협곡, 초원, 사막처럼 지형은 다르더라도 그것들은 모두 '육지'라는 공통점을 가진다. 다른 지형에서 사람들의 생활과 행동 방식도 달라지는데, 그럼에도 불구하고 모두 육지에서의 생존 능력을 바탕으로 살아간다.

하지만 지형이 어느 지점에 이르면 육지에서 바다로 진입하게 되고 그때부터 환경의 특성이 완전히 달라진다. 바다에 들어서면 경관은 물론 환경의 본질 자체가 육지와는 전혀 다르다. 육지에서는 대지가 안정된 상태이고 지진은 예외적인 사건이지만 바다에서는 파도가 넘실거리는 것이 기본이고 잔잔한 바다가 오히려 예외적이다.

따라서 요구되는 생존 능력 역시 완전히 다르다. 육지에서는 등반이나 중량을 들어올리는 힘이 중요했다면 바다에서는 수영을 하거나 배를 조종하는 능력이 필요한 것이다. 해양 시대에 태어난 사람들의 가치관 역시 육지 시대와는 완전히 다른 방향으로 형성될 수밖에 없다. 이로 인해 우리는 육지 시대의 세대들 사이에서는 사고방식과 가치관의 차이가 있더라도 여전히 소통이 가능하지만 해양 시대로 넘어가게 되면 단지 한 세대 차이일 뿐인데도 사고방식과 가치관이 너무 달라져 서로 이해하거나 소통하기가 매우 어려워지는 현상을 목격하게 된다.

2014년 전후 나는 바로 이런 상황을 타이완에서 목격했다. 1949년 국민당 정부가 타이완에 들어온 이후 수십 년 동안 세대별로 처한 환경은 조금씩 달랐을지언정 마치 고산, 구릉, 평야처럼 모두 육지적인 환경이었고 그에 따른 사고방식이 지배적이었다. 하지만 1987년 계엄 해제로 인해 타이완은 육지 시대에서 해양 시대로 전환되기 시작했다. 그 이후 태어난 사람들은 이미 해양 시대에서 자라난 세대이며 해양적 사고와 가치관을 가진 사람들이다.

육지적 사고방식은 안정성을 중시하고 흔들림을 회피하려는 성향이 있다. 반면 해양적 사고방식은 파도와 흔들림을 오히려 진보의 동력으로 삼는다. 육지적 가치관은 질서, 권위, 위

계적 분배를 중요시하는 반면 해양적 가치관은 자유, 개인의 의지, 공정하고 투명한 분배를 중시한다. 이렇듯 해양적 사고방식과 가치관이 기존과 매우 다르기 때문에 계엄 해제 이후 태어난 세대가 2014년 '해바라기운동'을 일으킬 수 있었던 것이다.

타이완 사회의 최근 10여 년의 혼란은 겉보기에는 중국과의 통일을 지향하는 파란색 국민당과 타이완과 중국은 별개의 존재임을 주장하는 녹색 민진당 간의 갈등에서 비롯된 것처럼 보이지만 나는 보다 근본적인 원인이 존재한다고 본다.

타이완 정치대학 선거연구센터가 30년 이상 지속해온 '타이완인의 정체성' 조사에 따르면, 자신을 '타이완인'으로 인식하는 비율은 1992년 17.6%에서 63.4%로 증가했고, 자신을 '중국인'으로 인식하는 비율은 25.5%에서 2.4%로 급감했다. 이런 통계를 볼 때, 타이완 사회의 근본적인 불안감은 바로 사회 곳곳의 권력과 자원을 장악한 기득권층이 여전히 육지 시대에 성장한 사람이라는 점이다. 정권이 바뀌었다 해도 새롭게 집권한 사람들조차 여전히 육지적 사고방식과 가치관에 사로잡혀 있는 경우가 많다. 하지만 지금 시대가 요구하는 것은 해양적 사고방식과 가치관이다.

2020년 시작된 3년 간의 팬데믹은 인류 모두에게 우리가 다시는 과거로 돌아갈 수 없음을 자각하게 했고, 이후 우크라이나-러시아 전쟁 그리고 AI의 급격한 발전은 삶의 방식에 계속해서 충격을 주고 있다.

2025년에 접어들며 변화는 더욱 가속화되고 있다. 지구 생태계는 세계 각지에서 지진 경보가 빈번히 울리고 있으며, LA에서 한국까지 전례 없는 산불이 발생했다. 또한 트럼프가 재집권한 미국은 매일같이 전 세계에 충격파를 주고 있다.

이 모든 징후는 우리에게 새로운 시대를 맞이할 준비가 필요함을 그리고 해양적 사고방식과 가치관을 통해 이 세상을 다시 바라보고 대응해야 함을 일깨워준다. 하지만 여전히 너무 많은 사람들 특히 권력을 가진 사람들은 자신들이 익숙한 육지적 사고방식과 가치관에서 벗어나지 못하고 있다.

나는 한국 사회 또한 1987년 민주화 이후 세대 간에 이러한 '육지적 사고'와 '해양적 사고' 사이의 간극이 존재한다고 생각한다. 앞선 세대와 다음 세대가 어떻게 서로 소통하고 이해할 수 있을 것인가, 이것은 타이완과 한국이 공통으로 마주한 과제다. 이 도전에는 공통점도 있을 것이고 차이점도 있을 것이다. 우리가 함께 걸어온 지난 80년의 역사를 돌아보면 너무나도 많은 유사점이 존재했고, 앞으로도 서로가 서로에게 거울이 되고 배움의 대상이 될 수 있는 지점이 분명히 많이 남아 있을 것이라 확신한다.

자신의 바다

모든 사람은 자기 마음속의 바다를 마주해야 한다.

누구나 일생에서 '육지의 시대'와 '바다의 시대'를 겪게 된다. 삶과 일이 안정되고 모든 것이 규칙에 따라 진행되는 시기는 육지의 시대다. 삶과 일에 변화가 일어나고 스스로 따를 수 있는 규칙이 사라지는 시기가 바로 바다의 시대다. 마찬가지로 모든 사람의 마음속에도 육지적 사고와 해양적 사고, 이 두 가지가 공존한다. 보다 보수적이고 사회의 기존 규칙을 따르려는 사고는 육지의 사고이며, 위험을 두려워하지 않고 남들이 가지 않는 길을 선택하는 것은 해양적 사고다.

대부분의 인생은 육지의 시대와 바다의 시대가 번갈아 나타나는 과정을 거친다. 안정과 변화가 교차하며 삶을 이룬다. 거의 모든 사람들 마음속에도 육지적 사고와 해양적 사고가 뒤섞여 있으며 그 비율은 사람마다 다르다.

오늘날 AI의 등장은 전 세계 모든 업종과 직업에 커다란 변화를 몰고 왔다. AI는 우리를 기회와 위험이 넘실대는 파도의 바다로 이끌었다. 누구든지 어떤 일을 하든지 간에 더 이상 육지적 사고에 머무를 수 없고, 해양적 사고방식에 익숙해져야 하는 시대가 된 것이다.

육지에서는 '안정'이 정상이다. 삶과 일은 따를 수 있는 사회적 규칙을 통해 이루어진다. 산맥은 울퉁불퉁하지만 위치를 알 수 있는 좌표가 있다. 하지만 바다 위에서는 '파도'가 정상이다. 삶과 일은 끊임없이 유동하는 상황 속에서 유연하게 대처하고 방향을 조정해야 한다. 그리고 바다에서는 파도 속에 의지할 좌표가 없다. 그래서 바다에는 한 가지 큰 위험이 있다. 계속해서 유동적인 상황에 맞춰 방향을 바꾸다 보면 우리는 원칙을 잊고 방향을 잃어버리게 된다. 바로 이 점이 내가 이 책 앞부분에서 '야명주' 즉 '가치관'의 중요성을 이야기한 이유다. 변화가 거센 시대와 환경일수록 우리는 더욱 자기 가치관을 중시하고 끝까지 지켜야 할 필요가 있다. 그리고 자기만의 가치관을 찾는 하나의 방법 혹은 목표는 바로 마음을 순수한 상태로 유지하는 것이다. 모든 사람이 그 방법을 찾길 바란다.

한 가지 사례를 들어보겠다.

✦

10년 전, 타이완을 방문한 피아니스트 백건우 선생님과 그의 아내이자 배우인 윤정희 선생님을 친구의 소개로 처음 만나게 되었다.

많은 한국 사람들에게는 '폼을 잡는' 습관이 있는 것 같다. 특히 나이가 많거나 사회적 지위가 있는 사람일수록 더욱 자신의 체면과 위신을 의식하는 경우가 많다. 백건우 선생님 부부는 내가 가지고 있던 한국인에 대한 인상을 깬 아주 드문 예다. 두 분 모두 겸손하고 온화할 뿐 아니라 당시 일흔을 전후한 나이에도 불구하고 말이나 행동에 아무런 꾸밈이 없는 동심(童心)을 지니고 있어 함께 있는 사람을 아주 편안하게 해주셨다.

처음에는 윤정희 선생님과 이야기를 나눌 기회가 더 많았다. 특히 윤 선생님의 아버지가 예전에 부산 초량동에 살았다는 얘기를 들었을 때 나와 같은 동네 출신이라는 인연으로 무척 반가웠다. 그러다 백건우 선생님이 타이완에서 연주할 때마다 찾아가 선생님과 직접 대화하는 시간을 가지면서 백 선생님과 만나는 일이 점점 더 많아지다 보니 우리는 자연스럽게 친구가 되었다.

사실 나는 클래식 음악을 많이 듣는 편은 아니다. 그런데 백건우 선생님의 연주는 이상하리만큼 강한 감응을 준다. 선생님의 손끝에서 나오는 음악에는 말로 설명할 수 없는 신비로운 힘이 느껴진다. 선생님이 연주하는 슈만, 리스트의 곡을 들을 때마다 나는 그 작곡가들에 대해 더 알고 싶어지고 그들의 전기를 읽게 되고 다양한 연주자들의 해석을 비교해보며 피아니스트 백건우의 특별함이 어디에서 오는지를 탐색하게 된다.

백 선생님의 쇼팽 연주 때는 내가 타이완에 없어서 직접 듣지는 못했지만 전에 선생님이 선물로 주신 CD를 들었다. 그중에서 Rondo in F, Op.14, <Krakowiak(크라코비악)>은 정말 매혹적이었다. 나는 이 곡의 서두 부분에서 다음과 같은 영상이 떠올랐다고 백건우 선생님께 편지를 써서 전했다.

어느 눈 내리는 밤인지 아니면 봄비가 내리는 저녁인지,
시야 끝에 있는 듯하면서도 동시에 희미한 곳에 있는 듯한 어

떤 사람.

웃는 듯하면서도 눈물이 맺힌 것 같은 그 눈빛

천 리 길 떠나는 사람을 배웅하는 듯하면서도

30년 만에 귀향한 사람을 맞이하는 듯한 느낌.

그 피아노 소리는 마법과도 같았습니다.

2017년 백건우 선생님이 서울에서 베토벤 피아노 소나타 전곡을 연주한다는 소식을 듣고 나는 곧바로 서울로 향했다.

선생님은 60세가 되어서야 비로소 베토벤을 이해했다고 한다. 2007년 베토벤 전곡 녹음을 마친 후 10년 만에 이번에는 무대에서 직접 전곡 연주에 도전한 것이다. 나는 선생님의 그 결정을 정말 잘했다고 생각했다. 8일간 서울에 머물며 매일 밤 백건우 선생님의 연주로 베토벤이 되살아나는 경험을 했다. 연주가 끝난 뒤에는 함께 야식을 먹으며 이야기도 했다. 이 경험은 내가 베토벤에 대해 새롭게 관심을 갖게 된 계기가 되었다.

서울 공연 중 가장 기억에 남는 날은 마지막 이틀이었다. 첫날의 하이라이트는 제29번 "Hammerklavier(함머클라비어)"였고, 다음 날은 제30, 31, 32번의 완벽한 연속 연주였다. 제29번을 들은 그날 밤 나는 노트에 이렇게 적었다.

오늘 밤 백건우는 웅장하게 연주했다.
베토벤의 '깨부수고 또 깨부수고, 또 깨부수고 다시 창조하는'
그 창조력과 생명력을 느낄 수 있었다.
삶이란 어떤 구속도 없이 누구의 예측도 허용하지 않는 것이다!

나는 베토벤의 매력 아니 백건우의 매력에 완전히 빠져서 베토벤 전기를 읽고 작품 연표를 정리해보기도 하며 스스로에게 이렇게 물었다.

"이렇게 신비로운 연주를 또다시 들을 수 있을까?"

그러다가 2020년, 타이중국가오페라극장에서 베토벤 탄생 250주년을 기념해 백건우 선생님이 베토벤 피아노 소나타 전곡을 다시 연주한다는 소식을 들었다. 부푼 기대감으로 어서 그날이 오기만을 손꼽아 기다렸다.

그해 12월 백건우 선생님을 다시 만났을 때는 감회가 달랐다. 오랜 세월 동안 선생님과 함께 세계 곳곳을 동행했던 윤정희 선생님은 알츠하이머병을 앓고 계셨고, 병세가 점점 악화되어 더 이상 함께 다닐 수 없었다. 내가 윤 선생님을 마지막으로 본 것은 파리에서였다. 눈 내리는 밤, 백건우 선생님이 윤 선생님을 먼저 택시에 태우고 떠나는 장면은 잊을 수 없는 기억으로 남아 있다.

백건우 선생님을 다시 만난 2020년은 코로나19 팬데믹으로 전세계가 충격에 휩싸인 해였다. 그리고 이제는 홀로 여행을 다니게 된 백 선생님을 보면서 이번 베토벤 소나타 전곡 연주가 이전과는 분명히 다를 것이라고 확신하였다. 팬데믹 3년 동안 나 역시 삶에 대한 인식에 변화가 생겼기에 이번에는 청중으로서의 나 자신도 분명히 달라졌을 것이라 생각했다. 하지만 그 변화가 얼마나 클지는 전혀 예상하지 못했다.

타이중에서 우연히 선생님과 같은 호텔에 묵게 되어 매일 아침 식사 시간에 대화를 나눌 수 있었다. 가장 놀라운 것은 선생님이 연습을 얼마나 중시하는가였다. 백 선생님은 타이완에 도착한 후 먼저 격리 공간에서 2주간 연습했고, 격리가 해제되자마자 곧바로 타이중으로 가 연습을 이어갔다. 평일에는 저녁 7시 반부터 연주가 시작되었는데 선생님은 아침 10시가 되기도 전에 출발했다. 주말 이틀은 오후 3시 연주였기에 아침 8시 50분이면 벌써 오페라극장으로 향했다. 나는 어떻게 10분 단위까지도 그렇게 철저하게 계산하는지 궁금했다. 그 10분까지 아끼는 태도는 베토벤에 대한 그의 경외에서 비롯된 것이었다. 선생님은 이렇게 말했다.

"모차르트의 피아노 작품은 완성도에 편차가 있지만 베토벤의 32곡 피아노 소나타는 한 곡 한 곡이 모두 걸작이에요. 각각의 곡이 독립적인 생명을 가지고 있는 동시에 서로 호응하며 전체가 하나의 유기체처럼 연결되어 있지요."

그래서 선생님은 이 8일간의 연주를 거대한 도전으로 받아들이고 있었으며, 서울에서 마지막으로 연주한 이후 3년 만에 이 곡들에 다시 도전하면서 자신이 어떤 소리를 낼 수 있을지 확인하고 싶다고 했다. 그래서 연습 시간이 절대적으로 부족하다는 말과 함께 "1분 1초라도 아껴야 한다."고 강조했다. 나는 매일 선생님의 이야기를 듣고 메모를 남겼다.

요즘 피아노를 치는 사람들은 기술적으로는 완벽하지만 단지 건반 위에서 연주할 뿐이다(play on it).

그러나 피아노 안에 들어가서 연주해야 한다(play into it).

그래야만 피아노가 생명을 가진 존재라는 것을 알 수 있다. 그때 비로소 피아노가 당신에게 반응하는 것이다.

그리고 또 덧붙였다.

피아노만 그런 게 아니다. 세상 모든 사물엔 생명이 있다. 그것은 당신이 어떻게 대하느냐에 달렸다. 이 컵도 마찬가지다.

전에 백 선생님은 피아노가 조율사에 따라 전혀 다른 생명을 드러낸다고 이야기한 적이 있었는데, 자신의 인생에서 만족스럽게 조율된 피아노를 만난 횟수는 한 손으로 꼽을만큼 적다고 했다. 하지만 선생님이 피아노와 사물에 대해 그런 인식을 가지고 있다는 사실은 나를 더욱 깊은 호기심으로 이끌었다. 그 영향으로 나는 매 회차마다 공연 30분 전에 미리 입장하여 의식을 준비하듯 같은 자리에 앉아 가장 좋은 자세로 가다듬고 마음을 집중시켰다. 국가오페라극장 중극장은 800석 규모의 최적의 음향 공간이었고, 나는 휠체어석인 첫 줄 맨

앞 피아노 정면 자리에 앉아 있었기에 어떤 방해도 없이 소리를 온전히 느낄 수 있었다. 그래서 8회 모두 처음부터 끝까지 눈을 감고 선 수행 때처럼 모든 생각을 내려놓고 오로지 소리 속으로 침잠했다. 여전히 나는 음악적으로는 아마추어였지만 온 마음을 다한 연주자에게 청중으로서 온 마음을 다해 응답하고 싶었다.

첫날부터 이미 많은 사람들이 백건우 선생님의 연주에 감동해 눈물을 흘렸다. 어떤 사람이 인터넷에 이렇게 평을 남기기도 했다.

나는 베토벤이 자신의 곡을 직접 연주하는 모습을 본 적은 없지만 백건우를 보며 베토벤도 저렇게 연주했을 거라 믿게 되었다.

둘째 날 <비창> 소나타(제8번), 셋째 날의 <고별> 소나타(제26번)는 특히 많은 이들이 눈물을 삼키거나 마스크를 적실 만큼 감동받게 했다. 하지만 나는 울지 않았다. 감동하지 않아서가 아니다. 오히려 매일매일 감동에 빠져 헤어나지 못했다. 백건우 선생님이 무대로 나와 인사할 때마다 내 마음속에서는 늘 한 마디가 반복되었다.

'어떻게 이렇게 좋을 수가 있어? 어떻게 이렇게 좋을 수가!'

나는 눈을 감은 채 피아노가 가진 생명을 들으려고 노력했다.

셋째 날, 제6번 소나타를 들을 때 잠깐 5~6초 동안 전혀 다른 음색이 어둠 속을 가르며 한 줄기 빛처럼 솟구치는 것을 들었다.

그리고 네 번째 날이 찾아왔다. 그날 아침 선생님이 나에게 또 다른 이야기를 들려주었다.

"이번에 연주하면서 내가 3년 전과는 정말 많이 달라졌다는 걸 느꼈어요. 말로 설명하긴 어렵지만 전심전력을 다해 연주하며 '벌거벗은(naked)' 상태를 유지하려고 해요. 그래야 어떤 새로운 가능성도 맞이할 수 있으니까요. 하지만 동시에 그것은 나를 위험에 빠뜨리기도 하죠."

나는 그 말을 받아 적고 한참을 곱씹었다. 그러나 그 의미를 다 이해하기도 전에 선생님은 벌써 연습하러 자리를 떠났다.

넷째 날의 프로그램 전반부는 제16번과 제17번 <폭풍>, 후반부는 제22번과 제23번 <열정>이었다. 나는 늘 그랬듯이 연주 해설을 꼼꼼히 읽으며 마음을 다잡고 음악의 향연 속으로 들어갈 준비를 마쳤다. 백건우 선생님이 정성스럽게 구성한 프로그램과 타이완국가오페라극장 중극장이 가진 뛰어난 음향은 전반부부터 나를 또다시 새로운 고도로 끌어올렸다. 중간 휴식 시간에는 계속 명상하며 앉아 있었다. 무대에 직원들이 먼저 장비를 가지고 들어오고, 이어서 백건우 선생님이 등장해 피아노를 무대 벽 쪽으로 조금 더 옮겨 배치하도록 했다. 그리고 후반부가 시작되었다. 나는 다시 눈을 감았다.

바로 그 후반부에서 백건우 선생님은 나에게 베토벤의 피아노 소나타가 무엇인지를 느끼게 해주었다.

가지각색의 소리는 맑고 경쾌하게 오고, 천둥처럼 요란하게 온다. 자연에서 오고, 무기가 부딪혀서 온다. 속삭임이고, 울림이다. 산을 무너뜨릴 듯 격렬하고, 봄바람처럼 부드럽다. 그 소리들은 나를 두드리고, 질문을 던지고, 감싸 안고, 해방시키고, 광활한 황야에서 나를 웅장하게 만들고, 별이 가득한 밤하늘에서 나에게 속삭이며 일깨워준다.

확실히, 어둠 속에서 피아노는 눈부시게 변신하고 있었다. 그것은 현악기이자 타악기였고, 단순한 악기를 넘어 목소리를 가진 성악이기도 했다. 우리가 상상할 수 있는 모든 소리이자,

상상조차 할 수 없는 소리까지 담고 있는 존재였다.

연주가 끝난 후 관객들은 한동안 침묵하다가 일제히 일어나 박수와 환호를 보냈다. 내 몸은 열기로 가득했고, 마음속 어딘가가 은근히 요동치며 머릿속에는 단 하나의 문장이 반복되었다.

'이건 도대체 무슨 음악인가? 이건 도대체 무슨 음악인가? 이건 도대체 무슨 음악인가?'

관객들이 하나둘씩 공연장을 떠나고 몇몇 친구들이 다가와 전례 없는 감동과 충격이었다며 서로 이야기했다. 나는 무언가를 말하려 했지만 입이 떨어지지 않았고 여전히 그 물음을 되뇌었다.

'이건 도대체 무슨 음악인가?'

한 여성이 내 휠체어 옆 좌석으로 오더니 쪼그려 앉았다. 그녀는 훌쩍이며 눈물을 흘리고 있었다. 내 머릿속에는 또 하나의 문장이 더해졌다.

'왜 울지? 왜 울어야 하지? 이렇게 아름다운 음악인데……'

마음속의 파동이 더욱 커졌다. 그때 누군가 옆에서 이렇게 말했다.

"이런 '열정'을 들어본 적이 없어."

'열정. 그래, 맞아. 이게 바로 '열정'이야. 열정!'

나는 스스로에게 말했다. 마음속 파동이 한층 더 커졌고 곧이어 거대한 물결이 몰아쳤다. 나는 아직도 사람들이 남아 있는 오페라극장에서 갑자기 큰 소리로 울기 시작했다. 대성통곡. 나중에 아무리 그 장면을 재현해보려 해도 그때만큼 크게 울게 되진 않았다. 아마도 1분은 울었던 것 같다. 어떤 사람이 건넨 휴지로 흘러내린 눈물과 콧물을 닦을 수 있었다.

다음 날 아침 나는 백 선생님께 말했다.

"어제까지만 해도 '벌거벗음' 속에 '위험'이 있다고 하신 말씀이 무슨 의미인지 몰랐지만 이제는 알 것 같습니다. 가장 벌거벗은 상태로 들었기 때문에 한 번도 공공장소에서 눈물을 보인 적 없는 64세의 제가 그 자리에서 아무것도 신경 쓰지 않고 울 수 있었습니다. 그것이 바로 위험일 수도 있다는 걸 깨달았습니다."

백건우 선생님은 내 말을 직접적으로 받아들이진 않았다. 그저 피아노는 생명이 있다고 얘기할 뿐이었다. 며칠 동안 좋았던 피아노 소리가 어제 전반부에는 이상했기에 피아노를 무대 벽 쪽으로 이동시키고, 소리가 먼저 나무 벽에 부딪혔다가 반사되도록 배치시켜 다른 음장을 만들어보려 했다는 것이다. 그리고 이렇게 덧붙이셨다.

"많은 사람들이 나에게 음악이란 무엇이냐고 묻는데, 나는 이렇게 대답합니다. Music is the pure state of mind.(음악은 마음의 순수한 상태다.)"

음악이 그러하듯 인생도 그러하다.

나는 선 수행 덕분에 음악이 전해주는 그 '순수한 상태'를 짧지만 빠르게 알아챌 수 있었던 것이 참으로 기쁘다. 그리고 음악을 통해 선의 경험에서 얻었던 그 순수한 상태를 다시금 되새길 수 있었던 것도 기뻤다. 그리고 음악이든 선이든 그러한 순수한 상태에 이르기 위해서는 반드시 먼저 자신을 솔직하게 마주하고 자신을 벌거벗은 채로 드러낼 수 있는 정직함이 필요하다. 그것이 바로 우리가 스스로의 내면 속 바다를 마주하는 유일한 길이다.

종이책의 자리와 힘

나는 또 믿는다. 책, 그중에서도 특히 종이책은 우리 내면의 바다를 탐색하는 데 없어서는 안 될 의지처라는 것을.

인터넷과 스마트폰에는 글자와 종이책의 한계를 넘어서는 콘텐츠들이 넘쳐난다. 영상, 애니메이션, 강연, 커뮤니티 기반 학습까지 다양하고 풍부한 정보를 손쉽게 볼 수 있다. 그런데도 왜 우리는 여전히 종이책을, 그것도 문자 중심의 종이책을 읽어야 할까?

이 질문은 오랫동안 나의 화두였다. 그동안 걸어온 출판인의 길에서 그 답을 찾기 위해 스스로에게 끊임없이 묻고 대화하고 되물었지만 좀처럼 만족스러운 답을 얻지 못했다.

한때는 종이책의 가치를 예술 작품의 경지로 올려야 한다고 생각한 적도 있었다. 고서 시장을 둘러볼 때마다 그 생각은 더욱 뚜렷해졌다. 수백 년 전의 책들이 자기만의 서체와 디자인, 인쇄 방식의 미학을 담아 오랜 시간을 넘어 우리 눈앞에 펼쳐질 때 그 감동은 전율에 가까웠다. 지금 우리가 만드는 종이책이 백 년 후 아니 천년 후의 독자에게 감탄과 경외심을 불러일으킬 수 있다면 그것이야말로 종이책이 가진 고유한 예술적 가치가 아니겠는가?

하지만 예술 작품은 비교적 소수만이 향유하는 '고귀한' 대상이 되기 쉽다. 그래서 종이책의 '예술품화'는 "인터넷과 스마트폰 시대에 왜 일반 대중들도 꼭 종이책을 읽어야 하는가?"라는 질문에는 답하지 못한다. 나는 이 질문에 대한 답을 찾기 위해 무려 13년 동안이나 생각해왔고 드디어 답을 찾게 되었다.

어느 날 밤 종이를 한 장 꺼내어 인터넷·스마트폰을 통한 읽기와 종이책 읽기의 특성을 양쪽으로 나누어 비교해보았다.

인터넷과 스마트폰	종이책
멀티미디어	문자 또는 이미지
구체성	추상성
생동감	정적
외향성	내향성
사회성	고독
파편성	전체성
다중 작업	선형적
동적	정지
양성	음성

인터넷과 스마트폰으로 읽는 것의 특성은 멀티미디어, 구체성, 생동감, 외향성, 사회성, 파편성, 다중 작업, 동적, 양성적인

반면 종이책 읽기의 특성은 문자 또는 이미지, 추상성, 정적, 내향성, 고독, 전체성, 선형적, 정지, 음성적이었다.

이 두 줄의 특성과 가치를 나란히 놓고 정리 비교하는 순간, 생각의 저변에서 문득 '이 두 열이 대변하는 건 결국 낮과 밤의 차이 아닐까?'라고 떠올랐다.

인터넷과 스마트폰으로 읽기의 특성은 '낮', 종이책 읽기의 특성은 '밤'으로 비유할 수 있다. 그리고 종이책의 고유한 가치를 '밤'이라는 시간대와 연결시키자 그동안 내가 붙들고 있던 수많은 질문들이 마치 퍼즐처럼 하나씩 맞춰지기 시작했다.

인류는 늘 밤을 대표하는 읽기와 낮을 대표하는 읽기 즉 책을 통한 독서와 책 너머의 독서를 함께 필요로 해왔다. "많이 읽고 많이 여행하자[讀萬卷書, 走萬里路]"라는 말이 있는가 하면 "책을 읽고 세상을 읽자Read the Word, Read the World"라는 말도 있다. 한편으로는 책을 통해 다른 한편으로는 책 이외의 세상을 통해 세계를 읽고 이해해야 한다는 표현이다.

과거에는 낮과 밤의 시간이 대체로 균형을 이뤘다. 인터넷이 등장하기 전 우리는 책과 비책[非書]의 세상으로부터 얻는 지식의 시간도 균형을 이루었다. 그러나 전기 조명의 발명으로 생활 방식과 시간, 습관이 바뀐 것처럼 인터넷 시대 이후 세상을 '읽는' 방식 역시 크게 달라졌다.

결과적으로 종이책을 사용하는 시간과 습관은 급격히 변화하고 축소되었다. 특히 모바일 기기와 스마트폰이 보편화된 이후 우리는 늘 고개를 숙인 채 정보와 자료, 지식을 수시로 주고받으며 책 외의 세상을 실시간으로 읽고 있는 존재가 되어버렸다. 그래서 많은 사람들이 종이책은 결국 소멸할 수밖에 없다고 말한다.

하지만 종이책의 독서 가치를 '밤'과 연결 지은 그날 이후 나는 비로소 안심할 수 있었다. 전기가 발명되면서 인간이 낮의 시간을 인위적으로 연장하고 밤을 샐 수 있게 되었다 하더라도 우리가 인간이기 때문에 반드시 잠을 자야 하고 밤이 필요한 것이다. 종이책도 마찬가지다. 아무리 인터넷과 스마트폰을 통해 수많은 정보와 지식, 멀티미디어의 즐거움, 협력적 학습을 제공받을 수 있다 해도 우리는 결국 종이책을 펼치는 순간이 필요하다. 종이책을 읽지 않고 살아간다면 심리적으로도 생리적으로도 건강할 수 없기 때문이다.

밤은 소수만의 예술품이 아니라 모든 사람에게 반드시 필요한 생존 조건이다. 밤을 잘 활용하고 즐길 줄 아는 사람이 건강하고 완전하다. 그와 마찬가지로 종이책을 잘 활용하고 즐길 줄 아는 사람이 건강하고 완전한 사람이다.

우리는 하루 24시간 문자를 사용해 자신을 표현하고 타인과 소통한다. 문자 메시지, SNS, 메일까지—모든 활동이 문자와 함께한다. 그만큼 문자 사용의 필요성은 점점 더 커지고 있기 때문에 이제는 문자에 대한 감각을 더욱 섬세하게 키워야 할 때가 되었다. 작가나 글을 다루는 사람들만의 일이 아니라 모든 사람의 과제가 된 것이다.

사실 인터넷은 오랫동안 문자에 눌려 있었던 이미지, 영상, 애니메이션, 소리의 힘을 해방시킨 동시에 우리가 문자에 기대는 필요성을 더욱 높여 주었다. 그리고 종이책은 우리가 문자에 대해 가장 깊이 배울 수 있고 문자의 힘을 진정으로 체감할 수 있는 매개체다.

중국 당나라 시인 두보(杜甫)의 시에 이런 구절이 있다.

호우지시절 당춘내발생 好雨知時節, 當春乃發生
수풍잠입야 윤물세무성 隨風潛入夜, 潤物細無聲

(좋은 비는 때를 알고 봄에 내린다.

바람을 따라 밤 속에 스며들어 만물을 조용히 적신다.)

이런 시구의 힘과 깊은 여운은 단순히 영상이나 오디오로는 전할 수 없다. 심지어 같은 글귀를 종이책에 인쇄했을 때와 전자책에서 읽었을 때 느껴지는 기운과 감동은 완전히 다르다. 이것이 바로 어떤 시대에도 어떤 기술 환경에도 상관없이 사회 속 모든 사람에게 가지는 종이책의 깊은 의미다. 설령 그 사회가 아무리 디지털화, 스마트화 심지어 AI화 되더라도 말이다.

상묘유희

인생에 대한 다양한 호기심 속에서 나는 타이완의 만화가 정원鄭問 선생과 함께 무협 만화《아비검(阿鼻劍)》두 권을 작업한 적이 있다. 나는 만화 대본을 썼고 소설판 프리퀄도 집필했다. 그때 필명으로 사용한 이름이 바로 '마리馬利'였다.

1980년대 나는 한 잡지사의 편집장으로 일하면서 평온한 생활을 이어갔다. 그 시절 나는 닌텐도의 <마리오 브라더스> 게임에 빠져 있었다. 스테이지를 클리어하기 위해 밤을 새우는 일이 잦았다. 마지막 단계 계단 위에서 마리오가 점프하여 거북이의 머리를 정확히 밟아야만 연속 생명을 얻을 수 있었는데, 공략집에는 어떻게 점프하고 어떻게 밟아야 한다고 써 있었지만 실제로는 계속 실패했다.

어느 날 밤 거의 포기하려던 순간 마리오가 정확히 거북이 머리를 밟았다. 거북이는 계단과 마리오 발밑을 오가며 흔들리다 경쾌한 "딩동" 소리가 연달아 울리며 마리오의 생명 수가 계속 늘어났다. 그 순간 나는 고개를 들어 창밖을 바라보았다. 밤은 지나가고 하늘은 이미 희미한 물빛을 띠고 있었다. 그 시절의 추억 때문에 이후 나는 '마리'라는 필명을 쓰게 되었다.

이후 다양한 콘솔 게임기나 온라인 게임이 쏟아지자 오히려 게임을 하지 않게 되었다. 그 이유는 게임들이 점점 더 '현실감'을 갖게 되었기 때문이다. 그렇게 현실적인 게임이라면 차라리 진짜 인생이라는 게임을 하는 것이 더 낫지 않겠나? 진짜 인생 게임이야말로 가장 재미있는 것이니 말이다.

실제로 게임을 그만둔 이후 내 개인적, 가정적 삶뿐 아니라 직업적, 사회적 삶도 파도가 몰아치는 대격변의 시기로 접어들었다. 진정한 '대게임'의 시기였다. 이 책에 담긴 내용들 특히 내가 인생에 대해 얻은 많은 통찰은 게임을 그만두고 인생이라는 진짜 게임에 전념한 이후 생겨난 것들이다.

내가 자주 독송하는 <대비주>에 이런 범어 구절이 나온다.

마라나라 사바하 摩囉那囉 娑婆訶.

이 말의 의미는 바로 "상묘유희(上妙遊戱, 최고의 아름답고 오묘한 게임) 성취하소서."이다. 나는 이 부분을 외울 때마다 깊은 감동을 느낀다.

불법은 우리에게 말한다. 인생은 최고의 게임이며 불법은 우리로 하여금 그 게임 안에서 성취할 수 있도록 축복해 주는 것이라고.

인생이 왜 '상묘유희'일까? 이 게임의 진짜 재미는 무엇일까? 사랑? 재물? 경력? 충성과 배신? 전쟁과 평화? 이런 요소들은 온라인 게임에도 모두 존재한다. 내가 말하는 최고의 아름답고 오묘한 게임은 '자신을 인식하고 스스로를 정리하는' 게임이다. 요즘 많은 사람들이 "AI가 진짜 재밌다."고 말한다. 하지만 AI는 결국 거울이다. 우리 각자의 자아를 비추는 거울

말이다. 자신을 잘 알고 정리할 줄 아는 사람일수록 AI와의 게임도 훨씬 재밌어진다.

자신을 인식하고 정리하기 위해 가장 중요한 핵심은 자신의 '한계'를 찾아내고 그것을 돌파하는 것이며, 자신의 '파편'을 직면하고 그 속에서 '완전함'을 발견하는 것이다. 그런 다음 돌파한 한계 너머에서 또 다른 한계를 찾고, 발견한 완전함 속에서도 새로운 파편을 보게 된다. 그런 후에 또다시 새로운 게임의 단계로 들어서는 것이다.

과거 물자가 부족하고 개발이 덜 된 시대에 태어나고 자란 사람들에게는 이 게임을 플레이하는 데 특별한 도전과 즐거움이 있었다. 반대로, 오늘날처럼 물자가 풍부하고 기술이 발달한 시대에 태어나고 자란 사람들에게도 이 게임은 또 다른 특별한 도전과 즐거움을 제공한다.

올해 예순아홉 살이 된 나는 지난 긴 시간 동안의 제약과 파편 속에서 돌파구와 온전함을 발견하게 되어 이 책을 쓰기로 결심했다. 하지만 사실 이 책을 다 쓰고 나서도 나 자신의 새로운 제약과 파편을 다시금 발견했고, 또 계속할 것이다. 과거와 다른 점이 있다면 이제는 더 이상 그것을 괴로워하거나 무력하게 느끼지 않는다는 것이다. 새로운 제약과 파편이 눈앞에 나타날 때 오히려 나는 기쁘다. 다시 한번 나 자신을 인식하고 정리하는 게임을 시작할 수 있다는 것이 즐겁기 때문이다.

나는 모든 장애나 한계를 마주한 사람들이 그 안에서 축복을 느낄 수 있기를 진심으로 바란다. 또한 자신을 인식하고 정리하려는 모든 사람들이 '상묘유희' 속에서 진정한 성취가 있기를 바란다.

장애로부터 받은 축복

많은 사람들이 내가 인생에서 마주한 가장 큰 도전은 신체적 장애일 것이라고 생각할지 모른다. 하지만 그렇지 않다. 나는 인생의 각 단계마다 공정하게 도전을 마주할 수 있도록 도와준 많은 사람들 덕분에 운 좋게 살아왔다.

이 책에서 이미 언급한 많은 사람들 외에도 나에게는 친 여동생이 있다. 여동생의 이름은 '다이리帶莉'다. 한자어 그대로 발음하면 '대리'인데 '다리'와 비슷하여 엄마는 '대리'를 부를 때마다 사실상 내 '다리'를 부르는 것이라고 말하곤 하셨다.

다이리는 정말로 내 다리나 마찬가지였다. 집안의 일상적인 일부터 물건을 사러 나가거나 내가 좋아하던 여학생의 집에 소설을 빌리러 가거나 노트를 받으러 가는 일까지 다이리는 항상 나를 도와주었다. 여동생은 나보다 세 살 어렸지만 키가 작아 중학교를 졸업할 때까지도 초등학교 3, 4학년처럼 보였다. 그래서 어릴 적에는 여동생과 함께 노는 걸 싫어했고, 동생이 나를 위해 해준 모든 것을 당연하게 여겼다. 하지만 시간이 지나면서 여동생이 나의 성장 과정에서 얼마나 큰 도움을 주었는지 서서히 깨닫게 되었다.

이렇게 많은 도움을 받으며 살아온 때문일까? 나에게 한 가지 습관이 생겼다. 사회에 나와서도 오랜 시간 동안 내 신체적 불편함을 인정하려 하지 않은 것이다. 과거에는 타이완에서 '찬장殘障'이라는 용어를 사용했는데, 나는 '찬장저[잔장자]'라는 호칭과 관련되는 것이 싫었다. 이후 '찬장'이 '선장[身障 장애인]'으로 바뀌었지만 여전히 받아들이기 어려웠다. 이유는 내가 '장애인'이라는 표현에 동의하지 않았기 때문이다.

나는 모든 사람이 저마다의 불편함을 가지고 있다고 생각한다. 하반신이 불편하여 지팡이를 사용하는 사람과 시력이 좋지 않아 안경을 쓰는 사람 사이에는 큰 차이가 없다는 생각이다. 농구장에서 마이클 조던과 비교하면 많은 사람들이 지팡이를 사용하지 않더라도 '장애인'에 해당할 수 있다. 그래서 '장애인'은 상대적인 개념이지 절대적인 개념이 아니라고 믿는다. 따라서 나는 '장애인'에 대한 최선의 대우는 특별한 대우를 하지 않는 것이라고 생각했다. 차별도 없고 특별한 보호도 필요하지 않으며 '장애인'이 사회에서 성공하거나 실패하는 것은 자연스러운 현상의 일부로 간주되어야 한다고 믿었다.

그러던 중 한 재단에서 자원봉사를 하게 되어 매달 한 번씩 '장애인' 친구들과 독서 모임을 가졌다. 이 활동은 거의 2년 동안 지속되었다. 어느 날 우리는 종교 신앙에 대해 이야기하게 되었는데 나는 불법으로부터 많은 도움을 받았고, 《금강경》의 "응무소주 이생기심"이라는 가르침이 장애를 가진 친구들이 인생을 마주하는 데 큰 도움이 될 수 있다고 생각하여 강력히 추천했다. 하지만 그 자리에 있던 사람들의 표정이 어딘가 어색해 보였다. 그날 참석한 장애인 친구들은 불교에 대해 매우 부정적일 뿐만 아니라 심지어 적대감까지 느끼는 듯했다. 나는 매우 놀랐고 나중에서야 그 이유를 알게 되었다.

많은 장애인 친구들은 어릴 적부터 주변 사람들과 가족들로부터 불교의 '인과응보(因果報應)' 개념을 들으며 자랐다. 그래서 자신의 장애가 모두 '전생에 지은 업보' 때문이라는 생각을 하게 되었고, 그런 '업' 때문에 자신을 일종의 '죄인'으로 여기기도 했다. 어떤 장애인 친구들은 가정 내에서조차도 이등 시민 취급을 받았다. 손님이 집에 방문할 때면 부모님이 창피하다고 방 안에 조용히 있게 했다는 것이다.

나는 큰 충격을 받았다. 그제서야 내가 얼마나 운이 좋은 사람이었는지 그리고 그 운이 나에게 얼마나 큰 맹점을 만들어 냈는지 깨닫게 되었다. 장애인은 실제로 신체적인 불편을 겪고 있으며, 사회는 그들에게 이동의 편의를 제공해야 한다. 이동은 모든 사람에게 매우 중요한 인권이기 때문이다. 나는 비로소 자연스럽게 내 자신을 '장애인'으로 받아들이게 되었고, 장애인 활동에도 참여하며 장애인이 받을 수 있는 특별한 서비스도 기꺼이 이용하게 되었다.

또 한 가지 나 자신도 매우 신기하게 느끼는 사실이 있다. 나는 한 번도 다른 사람을 부러워한 적이 없다. 만약 내가 소아마비에 걸리지 않았더라면 얼마나 좋았을까 하는 상상을 해본 적도 없다. 지금까지 꿈속에서도 내 다리가 멀쩡하게 나온 적이

단 한 번도 없다. 꿈속에서도 늘 목발을 짚거나 휠체어를 타거나 땅바닥을 기었다. 그 이유를 나는 한참 후에야 알게 되었다.

나는 두 다리로 걷지 못하게 된 것이 오히려 내 인생에서 가장 큰 축복이었다는 사실을 알았다. 만약 내 몸이 멀쩡하고 두 다리도 정상이었다면 나는 아마도 '미치광이'가 되었을 것이다. 내 인생에서 가장 큰 도전은 통제할 수 없는 나의 호기심과 그 호기심으로 인해 도전하고자 하는 모험심이었다. 그것은 다른 사람에게 상처를 줄 수도, 내 자신에게 상처가 되었을 수도 있다. 소아마비는 나를 억제했고, 나는 어쩔 수 없이 고요한 시간을 가져야 했다. 그 덕분에 나는 내면을 탐색할 기회가 생겼고 겸손을 배울 수 있는 기회도 주어졌다. 그렇게 나는 오늘에 이르렀다. 그래서 장애는 내게 가장 큰 축복이라고 생각한다.

하지만 이렇게 많은 축복을 안겨준 이 몸을 어떻게 잘 돌봐야 할지 최근에 비로소 생각하게 되었다.

✦

2025년 설날, 나는 세부Cebu 여행을 결심했다. 목적은 생애 처음으로 스쿠버다이빙을 시도해보는 것 그리고 수영을 다시 시작하는 계기로 삼기 위해서였다. 다시 어린아이처럼 이 세상의 새로움과 즐거움을 느끼고, 삼심(과거심, 현재심, 미래심)을 내려놓은 이후 내가 진짜로 마주해야 할 과제는 건강을 어떻게 유지할 것인가 그리고 건강을 위한 훈련 시간을 어떻게 활용할 것인가였다.

신체 나이는 이미 칠십을 눈앞에 두고 있었다. 일반인들도 이 시점엔 건강 관리를 잘 해야 하는데 어릴 적 소아마비 바이러스로 인해 심각한 척추측만증을 겪고 있는 나로서는 더 말할 나위가 없었다. 젊었을 땐 목발을 짚고 돌계단을 오르내리며 체력을 단련할 수 있었지만 지금은 더 이상 그렇게 할 수 없다. 그러나 다행히 중년에 수영을 배웠다. 물속에서는 지팡이나 휠체어 없이도 움직일 수 있고, 몸과 마음이 자연스럽게 풀리는 편안함과 자유로움을 느낄 수 있었다. 모두가 말했고 나 역시 잘 알고 있었다. 수영은 내게 가장 좋은 휴식이자 운동이라는 사실을.

그럼에도 불구하고 나는 늘 일이 바쁘다는 이유로 수영을 소홀히 해왔다. 삶을 새롭게 마주한 지금, 나는 한편으로는 수영이 건강을 유지하는 데 얼마나 중요한지를 잘 알고 있었지만 또 한편으로는 매일매일의 일이 무겁게 느껴지지 않고 오히려 즐거웠기에 그 즐거운 시간에서 수영 시간을 떼어내는 것이 늘 아쉽고 망설여졌다. 그래서 세부 여행은 나에게 더없이 기대되는 시간이었다.

이번에 세부로 출발할 수 있도록 도와주신 몇몇 분들께 특별히 감사드린다.

출발 전, 한 친구에게 세부에 이민해 정착한 타이완인 가이드와 다이빙 강사를 인터넷으로 찾아달라고 부탁했었다. 그 친구는 내 이름은 말하지 않고 "69세 소아마비 환자가 다이빙을 시도하고 싶어한다."라고만 전했다. 현지에 도착해 처음 만난 사람은 모스MOS라는 이름의 가이드였다. 그는 분명 내가 누구인지 전혀 모르는 듯했다. 그래서 내가 휠체어에서 차량으로 오르내리는 걸 도와주는 그의 세심한 배려와 도움을 보면서 자연히 몇 가지를 묻게 되었다. 모스는 이렇게 말했다.

"코로나 3년 동안 두 번이나 생사의 고비를 넘기면서 많은 것을 내려놓게 됐어요. 저는 모든 사람이 인생에서 한 번쯤은 '정어리 폭풍sardine run'을 봐야 한다고 생각해요. 당신이 세부까지 오셨으니 저는 최선을 다해 도와드리고 싶습니다."

나의 다이빙 강사는 아마오阿懋라는 분으로 현지에서 밍양名揚다이빙을 운영하고 있다. 이번에 장애인이 다이빙을 하러 온다고 하자 바쁜 일정 중 시간을 내어 직접 나를 담당하러 온 것이다. 그는 사전에 나에게 훈련과 테스트를 진행해 주었고, 바다에 들어갈 때도 특별히 더 많은 인원을 배치해 함께해 주었다. 그 역시 나를 전혀 몰랐는데도 이렇게까지 열정적으로 도와주다니 그 이유가 무척 궁금했다. 아마오는 말할 때 별로 웃지도 않고 표정 변화도 거의 없었는데 그의 대답 역시 아주 간단했다.

"모든 사람이 평등하게 바다를 즐길 수 있길 바랍니다."

그 말은 내 마음을 깊이 울렸다. 실제로 여행에서 스쿠버다이빙이라는 세계에 들어가 보니 내가 기대했던 것보다 훨씬 더 큰 기쁨과 수확이 있었다. 수영은 세상을 다른 방식으로 바라보고 느끼게 해준다. 다이빙은 그 자체로 완전히 다른 세계로 들어가는 경험이었다. 인간으로서 나는 여전히 그 세계에 존재하지만 동시에 그 세계가 인간의 세계가 아님을 알 수 있었다. 인간은 그저 그 안에서 아주아주 작은 존재일 뿐이었다.

눈앞에서 순식간에 몰려드는 정어리떼의 소용돌이는 한순

간에 전진하는 행렬을 이루었다가 곧바로 거대한 벽처럼 돌변해 나를 압도한다. 눈앞으로 파도처럼 밀려오다가 다시 순식간에 사라진다. 그 모습을 바라보며 나는 《금강경》의 그 문장을 눈앞에서 구체적으로 떠올릴 수 있었다.

"응무소주 이생기심[어디에도 머무르지 않고 그저 마음을 일으키는 것]."

바닷속은 상상할 수 없는 깊이와 어둠이 존재하며, 이해할 수 없는 화려함과 생명력도 함께 존재한다. 그 모습은 인생 그 자체와 닮아 있었다. 내가 인생 바다를 공평하게 누릴 수 있도록 도와주신 많은 분들께 감사드린다.

> 맺는 말

작은 시작, 무한한 가능성

나는 미리 몇 번 연습해둔 발표 내용을 부산 사투리로 더듬더듬 말했다. 추운 날이었지만 양복 안 셔츠는 이미 땀으로 축축해졌다.

2024년 11월, 나는 제1회 부산국제아동도서전에서 타이완 출판인을 소개하는 좌담회 사회를 보았다. 원래 한국어가 유창하지 않은 데다 한국을 떠난 이후로는 쓸 일이 거의 없었지만 그날만큼은 꼭 한국어로 말하고 싶었다. 왜냐하면 그해는 내가 부산을 떠난 지 꼭 50주년이 되는 해였기 때문이다.

많이 더듬거리며 힘겹게 말했지만 청중 속 몇몇 한국 친구들이 미소와 박수로 응원해주었다. 그중에는 이수지Suzy Lee 작가도 있었다. 나는 타이완에서 가장 먼저 그녀의 작품을 출판한 사람이다. 《이상한 나라의 앨리스》부터 그녀의 창의력에 깊이 매료되었다.

요즘 한국의 많은 창작자들이 국제적으로 빛을 발하고 있다. 출판인으로서 나는 지난 10여 년간 특히 한국의 두 가지 현상에 큰 관심을 가지고 있다.

  첫째는 서울국제도서전의 변화다. 30여 년 전 내가 처음 서울국제도서전에 참가했을 때부터 약 10년 전까지만 해도 이 도서전은 아동도서 부문이 활발하고, 직판 업체들이 매우 적극적이라는 인상이 강했다. 하지만 불과 10년 사이에 서울국제도서전은 화려하게 탈바꿈하여 젊은 세대 독자와 종사자들이 주도하는 행사로 바뀌었고, 주류 출판과 독립 출판이 나란히 공존하는 자리가 되었다. 도서전이면서도 유행과 라이프스타일을 함께 보여주는 전시회가 된 것이다.

  둘째는 한국 출판계가 도서정가제를 시행한 결단과 그 성과다. 디지털과 영상 매체의 시대에 전 세계 출판계는 젊은 세대 독자들을 끌어들이려 애쓰고 있다. 하지만 나는 단순히 독자만 끌어들이는 것이 아니라 젊은 세대의 출판 종사자들 역시 끌어들여야 한다고 생각한다. 젊은 종사자야말로 같은 세대의 독자들을 자연스럽게 이끌 수 있기 때문이다. 독립 출판과 독립 서점의 최소한의 수익이 보장되지 않는다면 이상과 열정을 가진 젊은 세대가 이 업계에 뛰어들기 어렵다. 그래서 나는 지난 10여 년간 한국이 도서정가제를 추진한 일이 서울국제도서전의 성공적인 변화를 이끌어낸 핵심 배경이라고 믿는다.

나는 점점 더 내가 한국에서 살았던 경험을 잘 살려 한국으로부터 배울 수 있는 양분을 얻고, 앞으로 한국의 창작자 및 출판인들과 더 깊이 협력할 수 있는 방법을 모색하고 싶어졌다. 마침 섬드레출판사의 신순항 대표가 나에게 한글로 인생 에세이를 써보지 않겠냐고 제안해주어 매우 감사했다. 솔직히 너무 놀랐지만 나는 그 제안을 기꺼이 받아들였다. 이 책의 서문에서 말했듯, 한편으로는 내 삶에서 일어난 일들과 깨달음을 한국 독자들과 나누고 싶었고, 이것이 한국에 대한 나의 작은 보답이 되기를 바랐다. 또 한편으로는 이 책을 섬드레출판사를 통해 펴냄으로써 한국 출판계와의 협력을 새로운 출발점에서 시작해보자는 의미도 담았다.

작년, 나는 아동을 위한 새로운 브랜드 '샤오콰이小塊(소괴, 작은 것)'를 선보였다. 어떤 일은 크면 클수록 좋지만 어떤 일은 작을수록 더 좋고 가치가 있다. 작기 때문에 무한한 가능성이 있는 것이다. '작은 것'은 우리 세계가 다양한 작은 것들로 이루어져 있다는 의미이자 작은 것에서 무한한 확장 가능성이 있다는 뜻도 담고 있다. 나는 이번에 내딛은 이 작은 걸음에서도 같은 희망을 품고 있다.

끝으로 대한출판문화협회(KPA)의 윤철호 회장님과 서울국제도서전의 주일우 대표님께도 감사를 전한다. 이분들은 타이베이국제도서전과 꾸준히 협력해왔고, 내가 한국 출판계의 여러 측면을 이해할 수 있도록 도와주었다. 특히, 2025년 타이완이 서울국제도서전의 주빈이 될 수 있도록 아낌없이 지원해주셔서 양국 간 교류에 있어 중요한 역사가 만들어졌다. 주일우 대표님은 이 책에 추천사도 써주셨을 뿐 아니라 집필 과정에서 매우 중요한 조언을 아끼지 않았다. 이 자리를 빌려 다시 한번 감사드린다.

마지막으로 이 책을 읽어주신 독자 여러분께도 깊이 감사드린다. 나에게 성장의 에너지와 영양을 준 한국에 이렇게나마 작은 보답을 할 수 있어 매우 영광스럽게 생각한다.

© Gu Gun

하오밍이 郝明義 Rex How
1956년 부산에서 화교로 태어났다. 한 살 무렵 소아마비를 앓은 후 줄곧 목발에 의지해 성장했고, 18세에 유학을 계기로 지금까지 타이완에서 살고 있다. 국립타이완대학교 졸업 후 다른 사업을 생각하다가 잡지사와 출판사에서 편집자로 생활했다. 마흔에 비로소 출판 일이 운명이라는 걸 깨닫고 '다콰이문화[大塊文化, 로커스]'를 설립해 여러 브랜드로 확장했다. 출판인으로서 50년 가까이 일해오면서 타이완 출판계에서는 특별 공로상을, 이탈리아에서는 기사 훈장을 받았다. 타이베이도서전재단을 공동 창립하고, 해바라기운동 등 타이완의 굵직한 시민 사회운동에 참여했다. 현재 타이베이도서전재단 이사장을 다시 맡고 있다. 《업무 DNA》,《타이완의 미래는 바다에 있다》 등 12권의 책을 썼고, 3권을 번역했다. 그중에는 흥미를 갖고 20년 넘게 연구해온 수비학(Numerology)에 관한 책 《다이아몬드 생명 수로 인생 영화를 찍자》도 있다. 또, 어릴 때부터 만화를 좋아해 '마리馬利'라는 필명으로 타이완 유명 만화가 정원鄭問과 함께 《아비검(阿鼻劍)》 1,2권을 집필했다. 그밖에 무협 소설 두 편과 그림책도 있다. 2025년에 처음 스쿠버다이빙을 경험한 후 바다에서 하는 운동에 더 깊은 매력을 느끼게 되었다. 지금은 핸드사이클을 연습하며 다음 목표로 타이베이에서 가오슝까지 핸드사이클 종단을 꿈꾸고 있다. 언젠가 한국에서도 핸드사이클로 여행할 수 있기를 바란다. 《찬란한 불편》은 한국어로 쓴 원고이자 한국에서 처음 펴낸 인생 에세이다.

찬란한 불편
책이 만든 힘으로 걷다

제1판 1쇄 펴낸날 2025년 6월 18일
지은이 하오밍이 | 꾸미고 알린이 엄상진 | 만들고 펴낸이 신순항
펴낸곳 섬드레 | 주소 제주특별자치도 서귀포시 서호중앙로 55 C동 212호
전화 064-738-3736 | 팩스 0504-339-0417
전자우편 seomdre@seomdre.com | 인스타그램 @seomdrebooks
출판등록 2022년 1월 19일 제652-2022-000005호

ISBN 979-11-94244-18-9(03810)
© 하오밍이 2025

- 이 책은 저작권법에 따라 보호받는 저작물이므로 무단전재와 무단복제를 금합니다.
- 책 내용의 일부 또는 전부를 사용하려면 반드시 저작권자와 섬드레의 서면 동의를 받아야 합니다.
- 표지 사진과 내지 그림은 모두 저작권자로부터 사용 허락을 받았습니다.
- 책값은 뒤표지에 표시되어 있습니다.